Thomas Brezina

MANUAL DE DETECTIU

Il·lustracions d'Ulrich Reindl i Werner Heymann

Traducció d'Anna Tortajada

LA PENYA DELS TIGRES

editorial cruïlla

Primera edició: desembre de 1997
Cinquena edició: maig de 2002

Direcció literària: Montse Ingla Mas
Edició: Núria Font i Ferré
Traducció: Anna Tortajada i Orriols
Il·lustracions i coberta: Werner Heymann i Ulrich Reindl
Disseny de la coberta: Estudi SM

Títol original: *Heisse Detektiv-Tips vom Tiger-Team*

Balmes, 245 - 08006 Barcelona
editorial@cruilla.com

Comercialitza: CESMA, SA
Catalunya i Balears: tel. 936 308 400
fax 936 308 750
cruilla.cesma@grupo-sm.com
C. Valenciana: tel. 963 498 087
fax 963 474 836

ISBN: 84-8286-371-1
DL: M-16.398-2002
Imprès a Espanya / *Printed in Spain*
Impremta SM

Hola, detectius aficionats i membres de la Penya dels Tigres!

A l'hora de resoldre els nostres casos ens hem hagut de fer moltes preguntes. I aquí en teniu les respostes.

Així doncs, en aquest llibre hi ha un munt de consells, informació i trucs de detectiu que també podeu fer servir vosaltres.

I perquè no se us rovellin les neurones, hi trobareu moltes preguntes i molts casos força interessants que haureu de resoldre vosaltres mateixos.

Sabreu si heu trobat la resposta correcta utilitzant el descodificador. Heu de posar el descodificador damunt de la superfície grisa i fer-lo girar fins que hi llegiu la solució.

Consell de la Penya dels Tigres: és més fàcil veure-la si hi ha molta claror.

Que us divertiu força mentre llegiu, descobriu, busqueu, desxifreu i endevineu tot el que hi ha en aquest llibre.

La Penya dels Tigres

Lluc Virgi Pau

ÍNDEX

Tot el que revela un rastre

Quins tipus de rastres es poden trobar i què se'n pot deduir?

Petjades = empremta de les soles.
Ens revelen quines sabates portava l'autor dels fets. Potser es tracta d'unes sabates que només es troben en botigues molt concretes. En aquest cas s'hi pot anar a preguntar qui ha comprat darrerament unes sabates com aquelles.

Eines = broques, tornavisos, navalles, etc.
Algunes eines tenen números de sèrie que permeten saber a la policia a quina botiga s'han subministrat. És possible que en algun cas el venedor es recordi del client a qui ha venut l'eina en qüestió.

Brutícia = terra, pols, puntes de cigarrets.
A partir d'aquests rastres es pot deduir on va ser l'autor dels fets abans d'actuar, quina marca de cigarrets fuma. Després, quan s'ha trobat un sospitós, es comprova si hi ha terra o pols semblant en les seves coses.

Elements auxiliars = per exemple, una cadira que s'hagi fet servir per agafar alguna cosa de dalt d'un prestatge, detall que dóna una idea aproximada de l'alçada de l'autor dels fets.

Fils = tenen a veure amb la roba. Sovint es troben a les parets o als vidres trencats d'una finestra per on ha passat l'autor dels fets.

Empremtes digitals = trobareu més informació a la pàgina 12.

Marques de mossegades = l'autor dels fets pot haver mossegat una poma, una llesca de pa o una presa de xocolata.
Més endavant, quan es troba un sospitós, es comprova si la seva dentadura coincideix amb la marca de la mossegada.

Determinats costums = enretirar els vidres trencats, untar una caixa forta amb oli abans d'obrir-la amb un soldador, fer servir una eina determinada.

Si es tracta d'un delinqüent que ja ha comès altres malifetes, la policia potser en té els antecedents a l'ordinador.

Com es busquen rastres a l'escenari dels fets?

Abans de res s'escorcolla bé el terra. I és que durant les següents fases de la investigació es poden esborrar o destruir amb facilitat els rastres que hi pugui haver a terra. En segon lloc, es busquen les empremtes digitals o de la mà. Després, quan ja es té una mica clar què ha passat, es busquen tots els rastres que l'autor dels fets hagi deixat: cabells, fils de la roba que duia o un botó.

Com s'empaqueten les proves?

És important empaquetar cada objecte separadament. Tot el que es troba, tant si és un botó, un cabell, un tros de roba o un encenedor, es fica en bossetes de plàstic i s'hi posa una indicació que diu on era l'objecte, quan es va trobar, etc. Dues proves diferents no s'han d'empaquetar mai juntes, perquè llavors es destrueixen rastres i pistes que poden ser molt importants.

Per què les persones deixem empremtes digitals?

Doncs, perquè com tu mateix deus haver notat, els dits i les mans sempre estan una mica humits. És la suor que produeix la pell. Les línies que cada persona té al tou dels dits són –per dir-ho d'alguna manera– com un segell de goma i la suor és la tinta per imprimir el segell.

Hi ha empremtes digitals similars?

Sí, hi ha determinades formes que es troben en diverses persones.
Per exemple:

Revolts

El remolí

L'arc

La llaçada

Hi ha persones que tinguin exactament la mateixa empremta digital?

No! Fins i tot els germans bessons tenen empremtes digitals diferents.

Com es busquen empremtes digitals a l'escenari dels fets?

Molt important:

No toquis res, perquè aleshores tu també hi deixaries les teves empremtes digitals! Obre la porta amb el colze. Escorcolla l'escenari dels fets avançant en espiral. Examina amb atenció tots els objectes i elements del mobiliari. Potser fins i tot hi ha empremtes digitals que pots veure a primera vista. Si no les veus, pregunta't què deu haver tocat l'autor dels fets. Observa bé els objectes sospitosos. Pren nota dels llocs on vulguis comprovar després amb les pólvores per a empremtes digitals si hi ha cap rastre.

Quins són els llocs on segurament es troben empremtes digitals?

Totes les superfícies llises. Sobretot:

- Finestres (examina el marc de la finestra i el vidre). Han entrat per la finestra? Potser sense adonar-se'n han tocat alguna cosa?
- Mobles llisos, taules amb la superfície de vidre i marcs de fotografies.
- Gerros, plats grossos i ampolles.
- Calaixos.

A quines sabates corresponen aquestes petjades?

Busca la sabata que correspon a cada petjada. Amb el descodificador comprovaràs si ho has encertat.

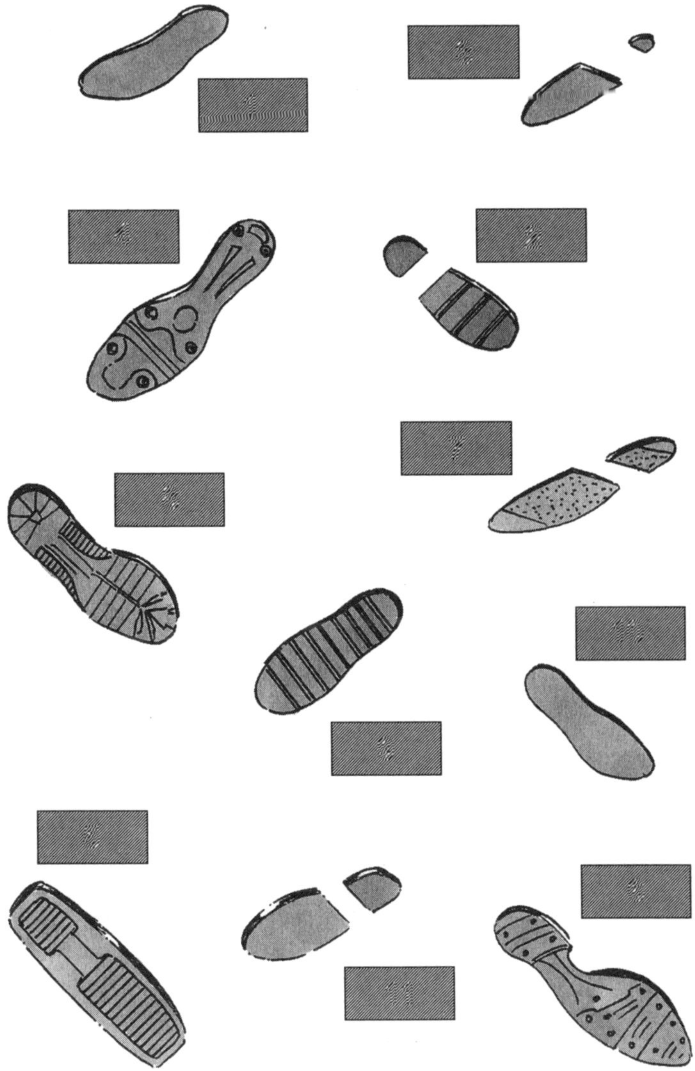

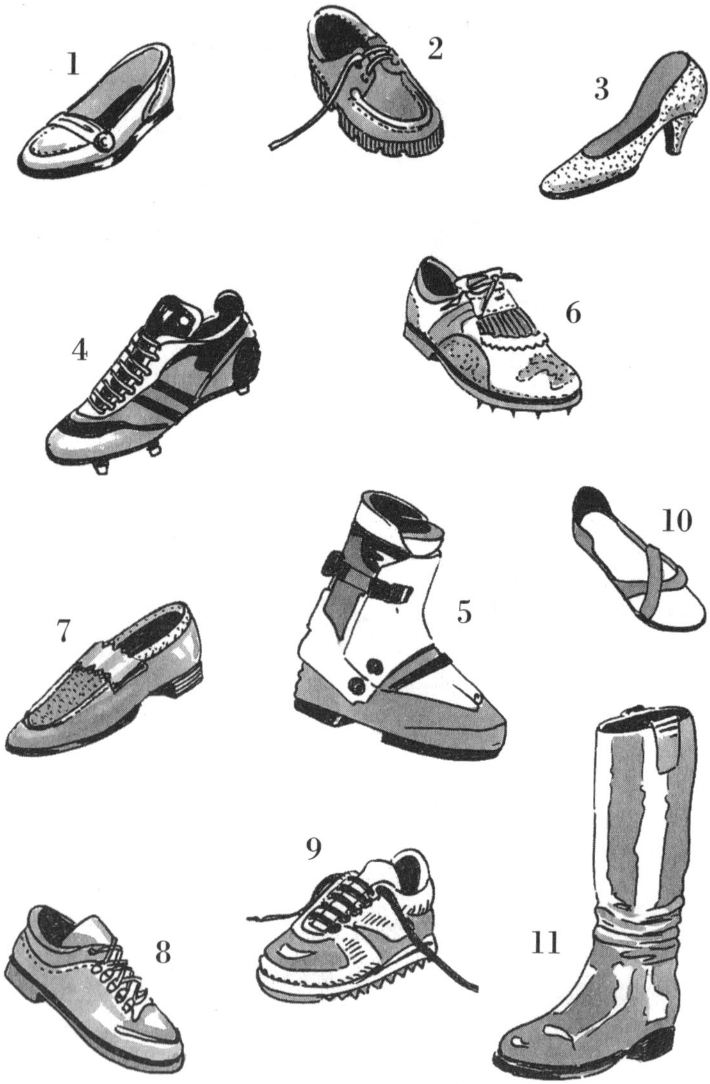
1
2
3
4
6
10
7
5
9
8
11

Què indiquen aquests rastres?

La resposta la pots llegir amb el descodificador.

Aquesta persona, corria o caminava?

Aquesta persona, caminava a poc a poc o de pressa?

Què dedueixes d'aquesta persona a partir del rastre que ha deixat?

Qui ha passat per aquí?

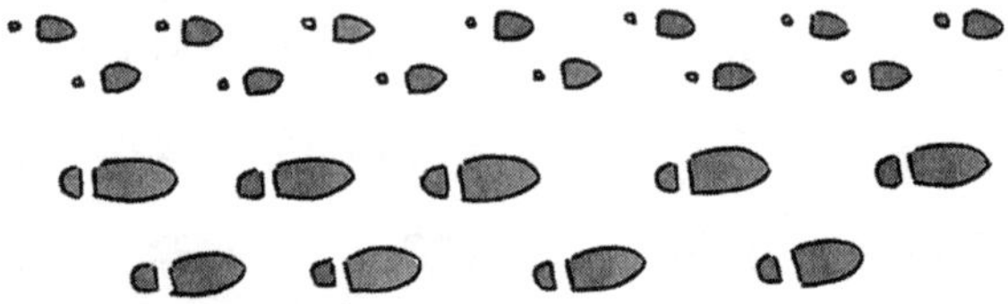

[redacted]

I per aquí?

[redacted]

Què dedueixes d'aquest rastre?

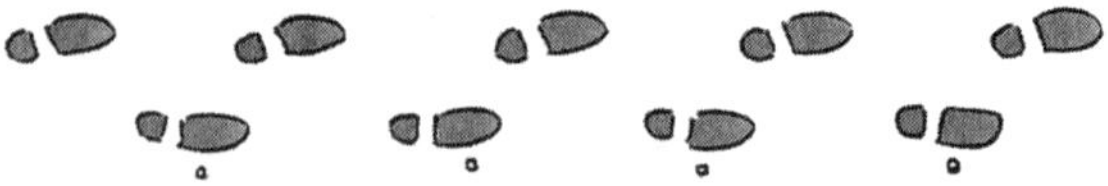

[redacted]

Què ha fet aquesta persona?

[redacted]

Què ha fet aquesta persona?

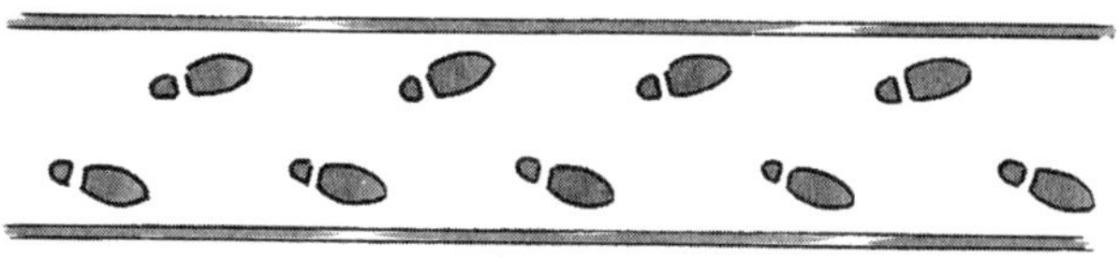

[redacted]

Què ha fet aquesta persona?

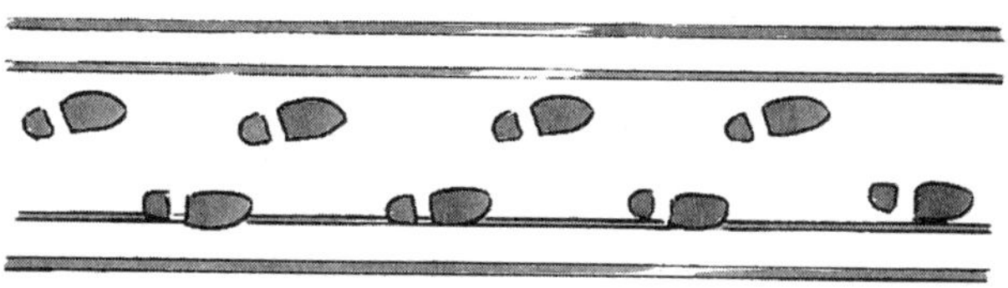

[redacted]

Quantes persones han passat per aquí?

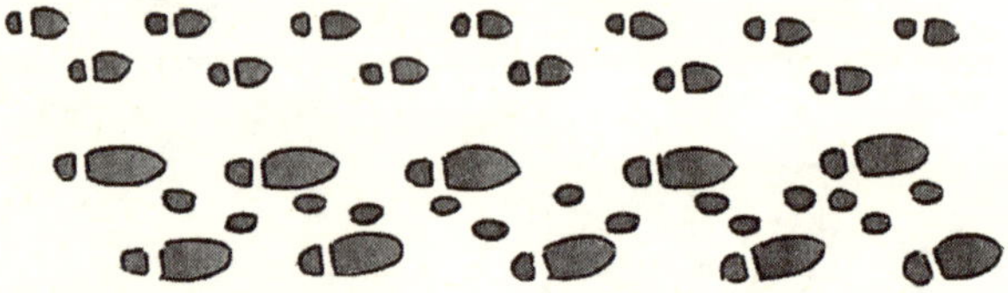

[redacted]

Què li passa, a aquesta persona?

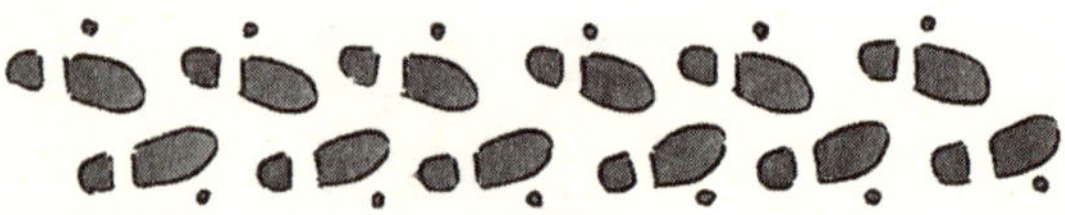

[redacted]

Què es dedueix d'unes petjades molt separades?

És gairebé segur que la persona que ha deixat aquest rastre corria. I per tant, feia grans gambades. Si el rastre són unes petjades separades, es pot assegurar que l'autor dels fets corria.

Què ens diuen unes petjades profundes?

Que la persona és molt grassa i pesa bastant, o bé que carretejava un objecte pesant.

De quins animals són els rastres de la pàgina següent?

Busca l'animal a què correspon cada petjada. Comprova si tens raó amb el descodificador.

1

2

3

4

5

6

7

8

9

10

11

12

13

14

15

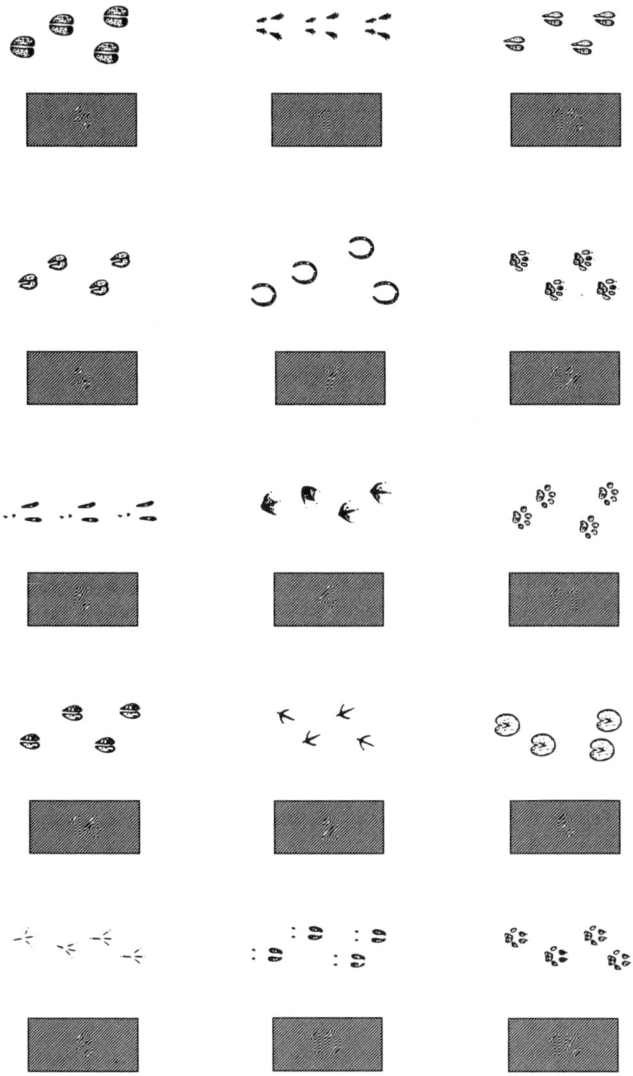

Quin vehicle ha deixat aquests rastres?

Posa el descodificador damunt la superfície grisa per saber si has reconegut els rastres.

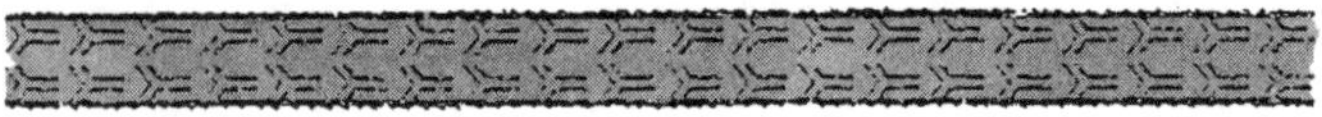

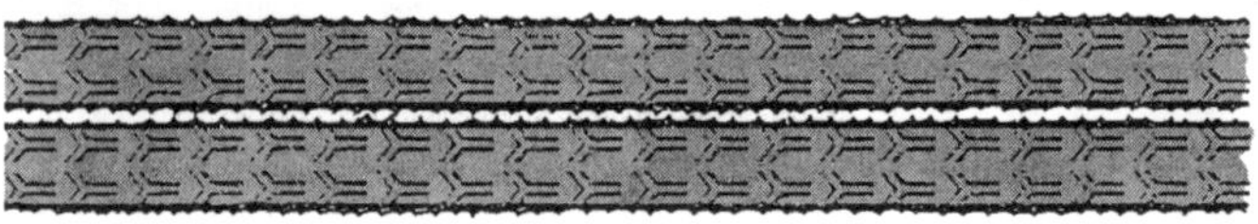

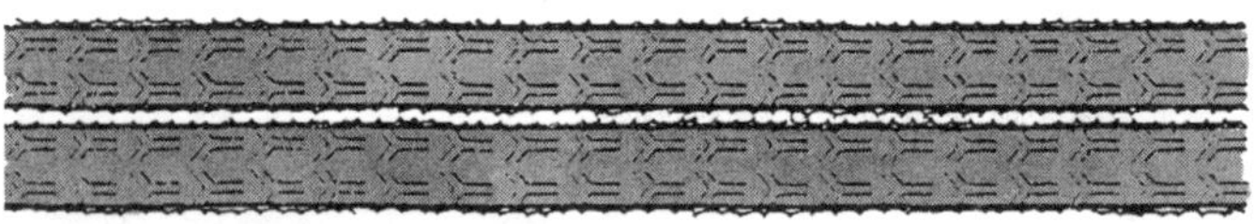

[redacted]

[redacted]

[redacted]

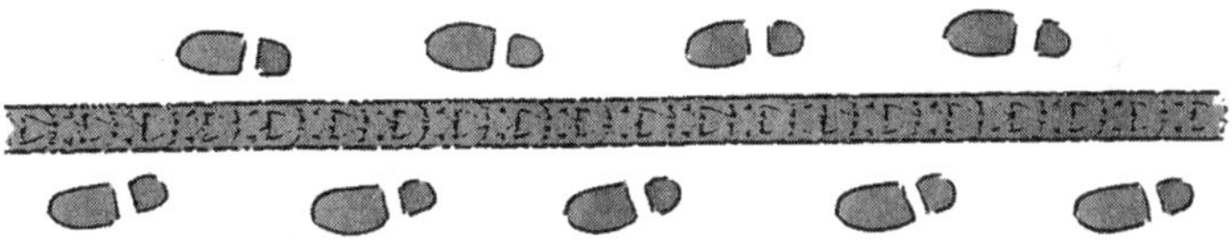

[redacted]

[redacted]

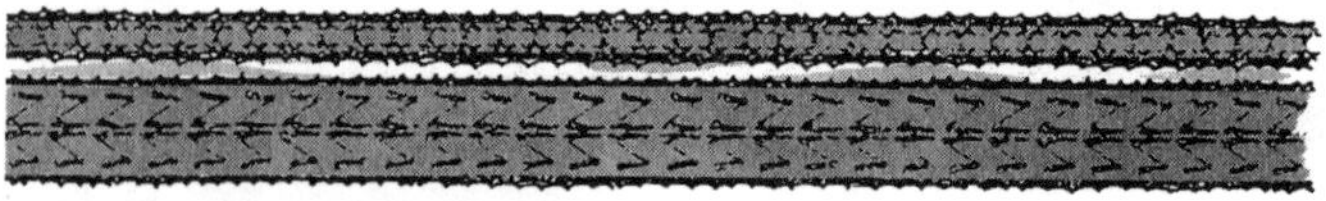

[redacted]

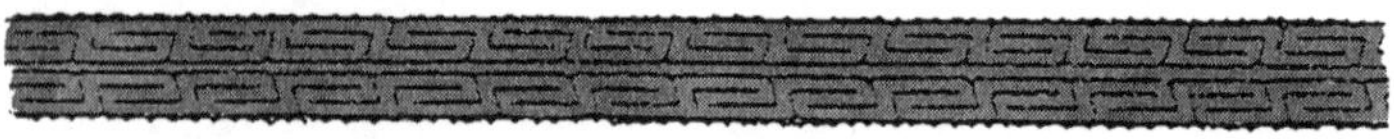

[redacted]

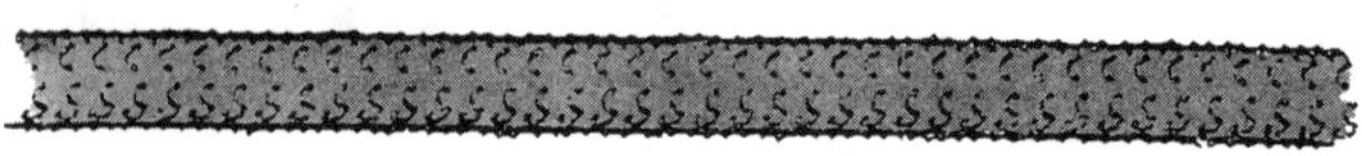

[redacted]

En quina direcció anava la bicicleta?

[redacted]

Quina bicicleta anava de pressa i quina, a poc a poc?

①

②

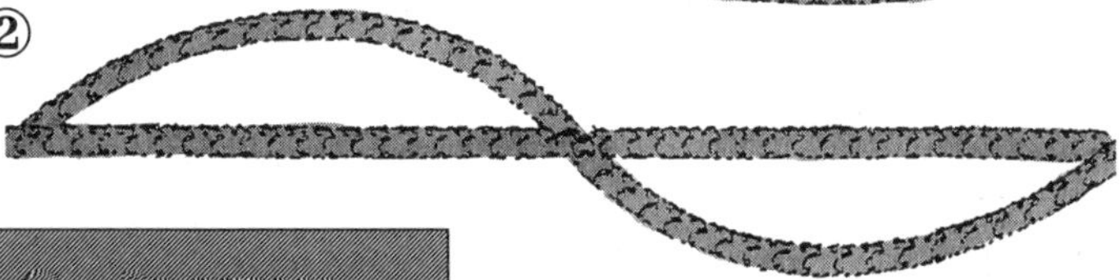

[redacted]

En quina direcció anava el cotxe?

[redacted]

[redacted]

En quina direcció anava aquest cotxe?

[redacted]

[redacted]

Qui ha deixat aquests rastres a la neu?

El descodificador et dirà si ho has encertat.

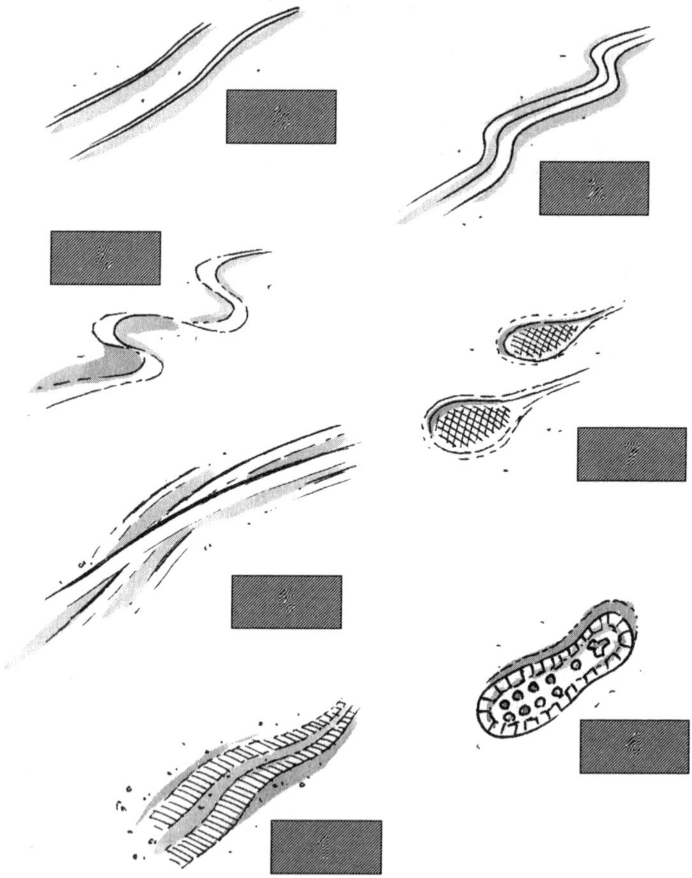

1

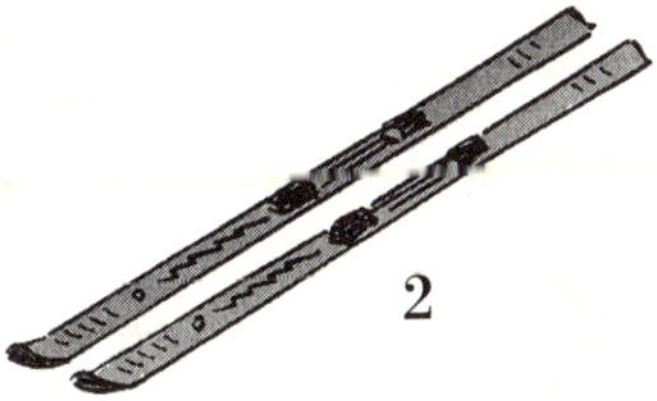

2

3

4

5

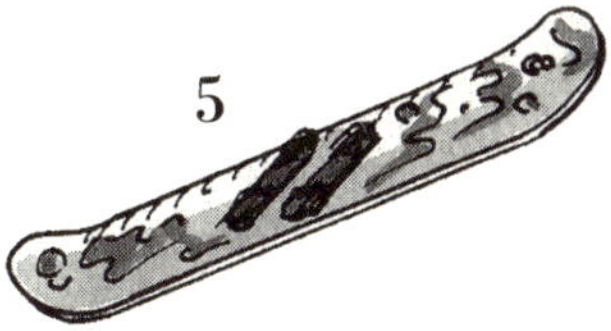

6

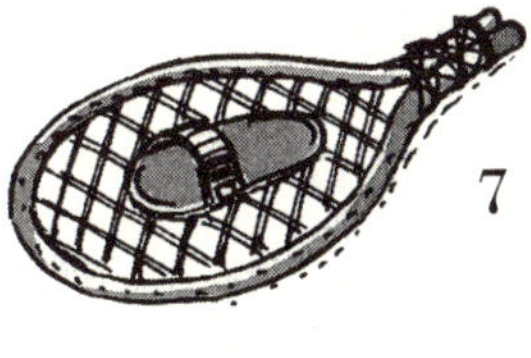

7

8

9

10

11

12

13

14

15

16

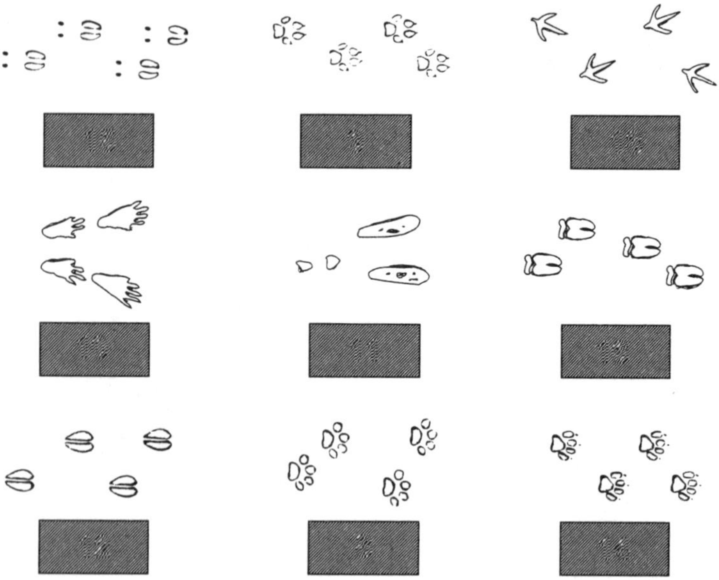

Com se sap si un rastre a la neu és recent o no?

Durant el dia la neu es fon una mica, cosa que fa que les vores de la petjada es tornin més grans! Per tant, els rastres de fa força temps són sempre una mica més grans. A més, el perfil no és tan marcat, sinó més aviat arrodonit.

Què significa que, en un cas de robatori, hi hagi molts rastres o que no n'hi hagi cap?

La majoria de les vegades indica que s'ha fingit el robatori. La gent que, per exemple, vol enganyar la companyia d'assegurances sovint fa tots els possibles perquè sembli que hi ha hagut un robatori i, per tant, deixa més rastres que no un lladre de debò.
En canvi, n'hi ha que obliden que un lladre que, per exemple, puja fins a un segon pis, ha de deixar rastres a la paret de l'edifici, a la finestra, a la catifa o a terra, davant de la casa. Si, per exemple, hi ha un jardinet sota la finestra per on se su-

posa que el lladre ha entrat, també hi hauria d'haver una mica de sorra al terra de l'habitació. És molt sospitós si no se n'hi troba gens.

Per què ens dóna molta informació un filferro amb punxes?

Un filferro amb punxes és com un imant de rastres! Qualsevol que s'hi enfili o el toqui en passar probablement hi deixarà rastres: fils de la jaqueta, un tros dels pantalons o un parrac de la camisa. Els animals hi deixen pèls. A les tanques de filferro de punxes que hi ha als camins de muntanya, hi trobaràs fàcilment un munt de rastres. Però vés amb compte: si no vols deixar rastres tu mateix, has de posar molta atenció quan hi saltis per damunt.

Hi ha cap manera de veure una petjada de sabata en un terra llis?

Sí! Si l'autor dels fets ha trepitjat alguna cosa (sang, oli, farina, sorra...), segurament no tindràs cap dificultat per veure les petjades o si més no un fragment. Es poden fotografiar o es poden fer encara més visibles amb unes pólvores i líquids especials. La persona que camina descalça sobre un terra llis deixa una empremta del peu, que –com les empremtes digitals– també es fa visible amb unes pólvores. Es pot recollir l'empremta i conservar-la amb paper adhesiu.

Què ens diuen les empremtes del peu?

A l'escenari dels fets, revelen quin recorregut ha seguit l'autor.
D'on venia? Cap on anava? I, per on ha marxat després?
A partir d'aquest rastre es dedueix com s'ha dut a terme l'acció.

Què ha passat aquí? Observa el dibuix de la pàgina del costat. Potser hi trobaràs tu sol la solució.

Solució:

El lladre ha entrat per la finestra i s'ha posat a regirar l'armari. Però llavors ha entrat l'amo de la casa, que havia sentit un soroll estrany, i el lladre s'ha hagut d'amagar. Però l'amo l'ha descobert i s'han barallat. Després el lladre ha fugit sortint per la porta.

Com camina una persona?

Qui sol caminar així? Els *cowboys*, els jugadors de futbol, els ballarins?

[illegible]

Què li passa, a aquesta persona?

[redacted]

Què vol dir això?

[redacted]

Petjades fondes. Què volen dir?

[redacted]

Com s'esbrina qui ha escoltat darrere la porta?

Examina la porta per fora per trobar-hi una empremta de l'orella. Gràcies a aquestes empremtes ja s'han atrapat molts malfactors.
Les persones que escolten d'amagat enganxen l'orella a la porta i hi deixen una empremta, ja que les orelles també estan sempre una mica humides i greixoses.
L'empremta de l'orella la pots recollir igual que una empremta digital.
Necessites una cinta adhesiva molt ampla.
Compara l'empremta amb les orelles dels sospitosos.

Què ens diuen les gotes?

Gotes que han esquitxat una paret a gran velocitat.

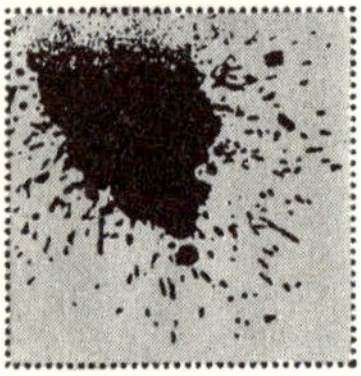

Aquí han caigut moltes gotes, l'una al damunt de l'altra.

Gotes grosses que llisquen avall.

Gotes que han esquitxat una paret a poca velocitat.

Gota que ha caigut damunt d'una taula.

La roba deixa empremtes?

Una dona és víctima d'un atracament i li ho prenen tot. Justament aquell dia duia a la bossa un milió en efectiu.

El lladre anava emmascarat i ha deixat la dona estabornida. Però al seu costat hi ha l'empremta d'un genoll al fang humit.

Els membres de la Brigada d'Investigació Criminal examinen aquesta empremta i estableixen amb exactitud com és la roba dels pantalons.

S'investiguen totes les persones que sabien que aquell dia la dona duia molts diners al damunt. I una d'aquestes persones porta uns pantalons de la mateixa roba de l'empremta.

Després d'un llarg interrogatori l'home reconeix haver atracat la dona i haver-li robat.

Quines empremtes i quins rastres hi ha?

– Empremtes digitals
– Empremtes de sabates
– Empremtes d'orelles, nas, boca
– Fibres de llana o fils
– Fragments de pintura escrostonada
– Un bolígraf
– Un mocador
– Un encenedor
– Un xiclet
– Un bitllet d'autobús
– Cabells
– Un botó
– Rastres de rodes
– Puntes de cigarret
– Una nota escrita a mà
– Una marca de pintallavis en un got
– Marques de mossegades en una xocolatina

Què són els microrastres?

Es tracta de rastres petitíssims que no es veuen a primera vista. Aquests rastres només es fan visibles amb un microscopi molt potent o un microscopi electrònic, amb una capacitat de 500.000 augments. Amb un microscopi electrònic, un gra de sucre es pot veure com un bloc de sucre de 100 metres.

Coses que es poden comprovar amb microscopi:

- En una palanca de ferro que s'ha fet servir per forçar una porta, s'hi troben rastres de pintura. La pintura del marc de la porta i els fragments a la barra de ferro s'examinen amb el microscopi. Així, es pot establir si són exactament iguals.
- Algú assegura que durant les darreres setmanes no ha estat en cap moment al bosc. Però després resulta que examinant-li els pantalons amb el microscopi, s'hi troben llavors de falgueres.

– La punta d'un cabell és molt recta i té arestes precises. Per tant, fa poc que l'han tallat. El sospitós ha anat a cal barber recentment.

– Quan es dispara un tret, surt fum de pólvora de l'arma. Aquest fum és diferent a cada pistola i en cada tipus de bala. Amb el microscopi, a partir de les restes de fum de pólvora, es comprova si algú ha disparat o no.

– Fibres minúscules d'una catifa en la roba d'algú demostren que aquesta persona ha estat ajaguda damunt de la catifa.

– El pol·len pot delatar l'autor dels fets!
Després d'un robatori, es va examinar la roba de l'afectat i d'un sospitós. A la de tots dos –gràcies a un supermicroscopi– es van trobar els mateixos rastres: partícules de pol·len d'unes flors que hi havia damunt la taula de la casa del perjudicat. Això vol dir que el sospitós era culpable. Era evident que havia estat a l'escenari dels fets encara que ho negués.

– Taques minúscules de color marró en bitllets de banc són una prova que els bitllets procedeixen d'una caixa forta oberta amb un soldador. Les taques de color marró són degudes a les espurnes.

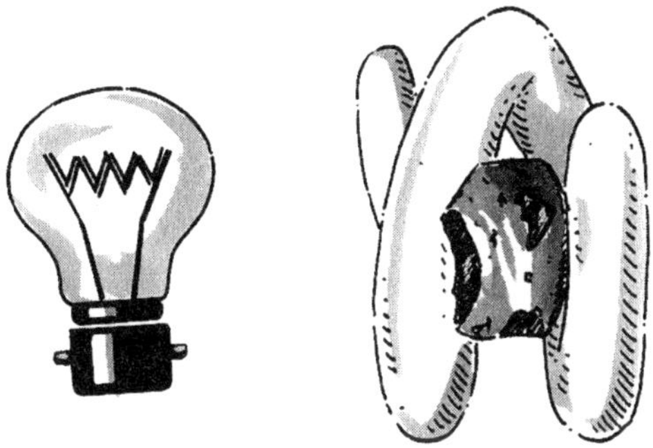

Aquests són els fils de la bombeta del llum d'un cotxe. Entre els fils hi ha un fragment de vidre.

Això vol dir que quan el cotxe es va estavellar, la bombeta no estava encesa. Perquè si ho hagués estat, el vidre, en contacte amb els fils incandescents, s'hauria fos!

– La pintura d'un cotxe no és igual que la d'un altre cotxe.
Un Mercedes va quedar aixafat en un aparcament. Uns quants carrers més enllà, es va trobar un Ford verd que tenia el parafang abonyegat. S'hi veien restes de pintura blava. Era el mateix blau que el de la carrosseria del Mercedes aixafat. Però amb un supermicroscopi es va veure que les dues pintures eren diferents! El conductor del Ford verd era innocent.

Què són les pistes falses?

Sembla com si algú hagués saltat al mar des d'un penya-segat.

Però el rastre és fals. La persona en qüestió ha caminat fins a la vora del penya-segat i ha tornat enrere posant els peus a les mateixes petjades de l'anada.

Esbrinar i buscar

Com s'ensenya un gos a buscar droga?

Cap gos no pot aprendre a buscar deu coses diferents. Els gossos que han d'ensumar droga a les maletes i els cotxes els ensinistren així:
Es posa una petita quantitat de droga en un tub de goma. El tub es tanca molt bé, perquè el gos no el pugui obrir de cap de les maneres per més que el mossegui. Llavors l'ensinistrador juga amb el gos a «buscar el pal». Llança el tub de goma dura i el gos l'hi torna. Durant el joc li dóna sempre la mateixa ordre, per exemple: «Busca el botí!» Més endavant, s'amaga el tub. L'ensinistrador ordena al gos «busca el botí!» i el gos sap que ha de buscar el tub i portar-l'hi. El seu olfacte, que és molt més fi que el dels humans, li permet de trobar el tub de goma.

I amb el temps, el gos continuarà buscant droga quan senti l'ordre corresponent. També ho fa perquè llavors li donen una recompensa.

Com aprèn un gos a seguir un rastre?

L'ensinistrador va per un camp i a cada petjada seva hi deixa un tros de llaminadura per a gossos. Després es deixa anar el gos, que de llaminadura en llaminadura anirà seguint i «menjant-se» el rastre fins al final, on rebrà una recompensa. Més endavant, la distància entre les llaminadures es farà cada cop més gran, però el gos sap que al final del rastre obtindrà una recompensa.
Així aprèn a seguir un rastre.

Què entenem per costums i hàbits que ens delaten?

Tothom té algun d'aquests hàbits. Els delinqüents, per més bé que s'hagin camuflat o disfressat, tampoc no els poden evitar.

Exemples:

– Rosegar-se les ungles

– Encreuar i desencreuar les cames

– Rascar-se l'orella quan la situació es posa difícil

– Estirar-se les puntes dels bigotis

– Posar-se una barnilla de les ulleres a la boca

– Tics nerviosos molt marcats

– Marcar un determinat ritme amb els peus

– Fumar una marca poc corrent de cigarrets

– Posar-se el bolígraf darrere l'orella

– Escurar-se les dents amb la punta de la navalla

Per adonar-te d'aquests costums has d'observar molt la gent. Practica amb els teus amics i les teves amigues.

Quines pistes importants pots descobrir en les persones?

Una pila. A vegades es busca una persona que porta ulleres. Per fi es descobreix un sospitós que encaixa amb la descripció però que no duu ulleres. Potser només se les ha tretes. Mira-li el nas. Gairebé tothom que porta ulleres té una marca al nas.

Altres pistes importants:

– Els cabells d'una persona ens diran si acostuma a dur barret o no. Mira si té els cabells una mica aixafats a la part superior del cap. Els hi té? Doncs és una pista infal·lible que aquesta persona sol portar barret.

– Algú porta el rellotge al canell dret.
  Això ens indica que es tracta d'una persona esquerrana.

– Algú té una marca blanca a la pell del canell dret i porta el rellotge al canell esquerre.
  D'això en deduïm que aquesta persona sempre

porta el rellotge al canell de la mà dreta. Potser ara ho vol dissimular perquè es busca un esquerrà.

– Algú porta el camal dels pantalons arremangat o agafat amb una pinça.
Es tracta d'un ciclista que no vol que el camal dels pantalons se li enganxi amb la cadena.

– Algú té els cabells rossos, però les arrels fosques. Això vol dir que en un moment donat es va tenyir els cabells d'un color més clar, però que ja li han crescut. El color de l'arrel és l'autèntic color dels cabells d'aquella persona.

– Un home té la pell de les galtes i de la barbeta d'un to més clar.
Això vol dir que duia barba i que fa poc que se l'ha afaitat.

Què és un indici fals?

Per donar al detectiu o a la policia indicis falsos, els delinqüents deixen coses expressament a l'escenari dels fets. Per exemple, alguna peça de roba –de vegades fins i tot amb una nota on hi ha un nom– o petjades de sabates que pertanyen a algú altre.

D'aquesta manera, els investigadors segueixen pistes que els condueixen a sospitosos equivocats i l'autèntic autor dels fets hi guanya avantatge.

Però els bons professionals no es deixen enredar per falsos indicis matussers.

Què s'ha de fer quan s'arriba a l'escenari dels fets?

Regla número 1: no canviar res de lloc i no tocar res.
Regla número 2: fotografiar-ho tot i recordar:

- L'aspecte que presenta l'escenari dels fets
- Com estan situades les persones, els mobles, els vehicles, etc.

– Quina hora és

– Si hi ha llum o està a les fosques

– On són els diferents objectes

A més, també s'hauria de fer un croquis de tot plegat; un dibuix on s'indica el lloc que ocupa cada cosa

– El temps que fa

– Les empremtes recollides

– Els testimonis que hi ha

Com funciona un fitxer d'empremtes digitals?

Uns atracadors de tren havien elaborat un pla perfecte, i d'entrada tot va anar la mar de bé. Van assaltar un tren que transportava més de tres-cents milions de pessetes i van robar els diners. Després van desaparèixer amb el botí, van fugir a l'estranger i els van perdre la pista.
La policia va trobar al seu amagatall i va buscar-hi empremtes digitals.

Però abans de marxar, els malfactors havien netejat totes les superfícies dels mobles on haguessin deixat empremtes digitals.
Malgrat tot, els policies en van trobar algunes: a la menjadora del gat i en un joc de Monopoli. Les empremtes digitals els van permetre d'identificar els delinqüents, que ja havien estat fitxats amb anterioritat a Anglaterra. Així és com van desemmascarar i detenir alguns dels atracadors del tren.
L'empremta digital ajuda a demostrar que una determinada persona ha dut a terme un delicte. Cada persona té una empremta digital molt particular. Ningú més no té la mateixa empremta.
Si l'empremta digital d'una persona ja és en el fitxer de delinqüents o a l'ordinador de la policia, les possibilitats de desemmascarar l'autor dels fets són més elevades.
Però l'empremta digital no ens diu res sobre l'aspecte, el sexe o l'edat de la persona.

Com es troba una determinada empremta digital entre els milers d'empremtes que hi ha en un fitxer?

A partir de la forma concreta, a les empremtes digitals els assignen un determinat codi de lletres i nombres.
Aquest codi indica si l'empremta té forma de remolí, d'arc o de llaçada. I si, per exemple, la llaçada tira cap a l'esquerra o cap a la dreta. Si és grossa o petita, quants anells interiors tancats té, etc.
Quan es té l'empremta digital d'una persona, els membres de la Brigada d'Investigació Criminal i l'ordinador l'examinen. Hi assignen un codi en funció de les seves característiques i després miren si aquest codi ja consta als arxius i a qui pertany.

Com es comprova si hi ha algú amagat en una casa?

Observa:

- Surt fum de la xemeneia?
- Hi ha llums encesos?
- Hi ha gaire correu a la bústia?
- Hi ha escombraries recents al contenidor?
- Hi ha cap finestra oberta o ajustada?
- La posició de les cortines o de les persianes és sempre la mateixa?

Duu a terme aquests passos:

- Fer la volta a la casa dissimulant i mirar per les finestres. S'hi veu algú?
- Preguntar als veïns què han observat darrerament.

Com es comprova si s'ha falsificat la lletra d'una persona?

La lletra d'una persona té moltes peculiaritats:

- Aquesta persona, quan escriu, fa molta o poca força?
- Escriu de pressa o a poc a poc? I per tant, queda molta o poca tinta sobre el paper?
- Fa el punt de la «i» amb un punt o amb un cercle petit?
- Les lletres estan inclinades o dretes?
- S'inclinen cap a l'esquerra o cap a la dreta?
- Algunes lletres tenen una forma molt concreta?
- Escriu les lletres juntes o molt separades?
- Les lletres són grosses o petites?

Quan es vol comprovar si un testament ha estat falsificat, primer de tot cal tenir algun altre text escrit pel mort. Per exemple, una carta. Aquesta carta es compara amb el testament. És gairebé impossible imitar exactament la lletra d'algú.

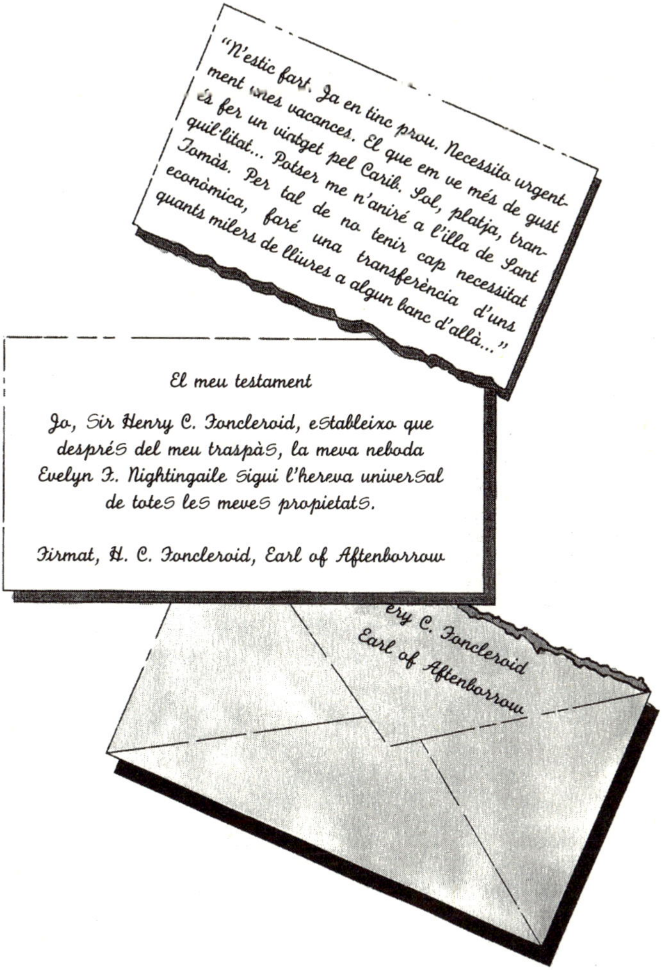

Trobes quina errada ha fet el falsificador?

El cotxe ha caigut daltabaix o l'han empès?

Algú que vol estafar la companyia d'assegurances afirma que va aparcar al costat del penya-segat per gaudir del panorama. De sobte –segons diu– el cotxe va rodar tot sol pel pendent i va caure daltabaix. Quina és la prova que menteix?

A més, s'examina el cotxe estimbat.
Quina altra prova hi ha que el cotxe l'han fet caure expressament?

[redacted]

Un cas per a tu

...i la Penya dels Tigres

Quí ha segrestat el Baró?

El Baró és un mico del zoo, que a en Pau li agrada molt. Un dia que en Pau va al zoo a veure el Baró, el mico ha desaparegut. Algú s'ha disfressat com els cuidadors dels primats i ha entrat al recinte. S'ha endut el Baró però no deu haver arribat gaire lluny, encara.

Hi ha testimonis que han vist l'home i s'han fixat en alguns detalls identificatius:

– Porta els pantalons estripats

– Va amb botes de goma

– Porta un mocador al coll

– Porta ulleres

– És una mica calb

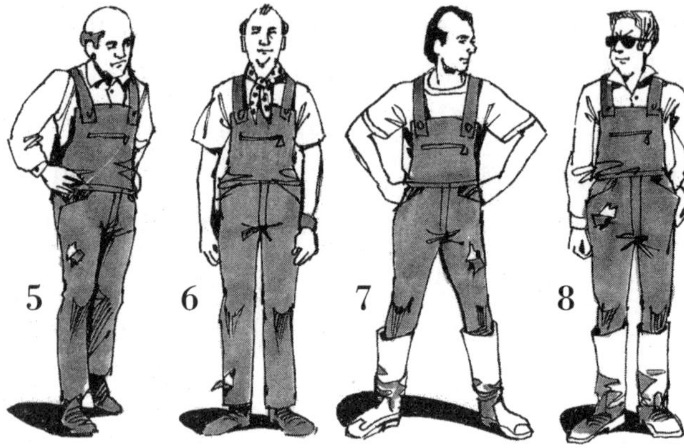

En Pau recorre el zoo i observa amb atenció tots els empleats que es cuiden dels animals. Ben aviat sospita qui és el fals empleat.

En quin d'ells coincideixen tots els indicis?

Qui o què és...?

Alcatraz

Alcatraz era la presó més segura del món. L'edifici encara existeix, en una illa de la badia de Sant Francisco, molt lluny de la costa. La van clausurar l'any 1967.

Al Capone

Va ser un dels caps més famosos de les bandes de gàngsters als Estats Units.

Bobby

Bobby és el malnom que es dóna als policies a Anglaterra.

CIA

La Central Intelligence Agency és el servei secret del govern dels Estats Units. Hi treballen agents

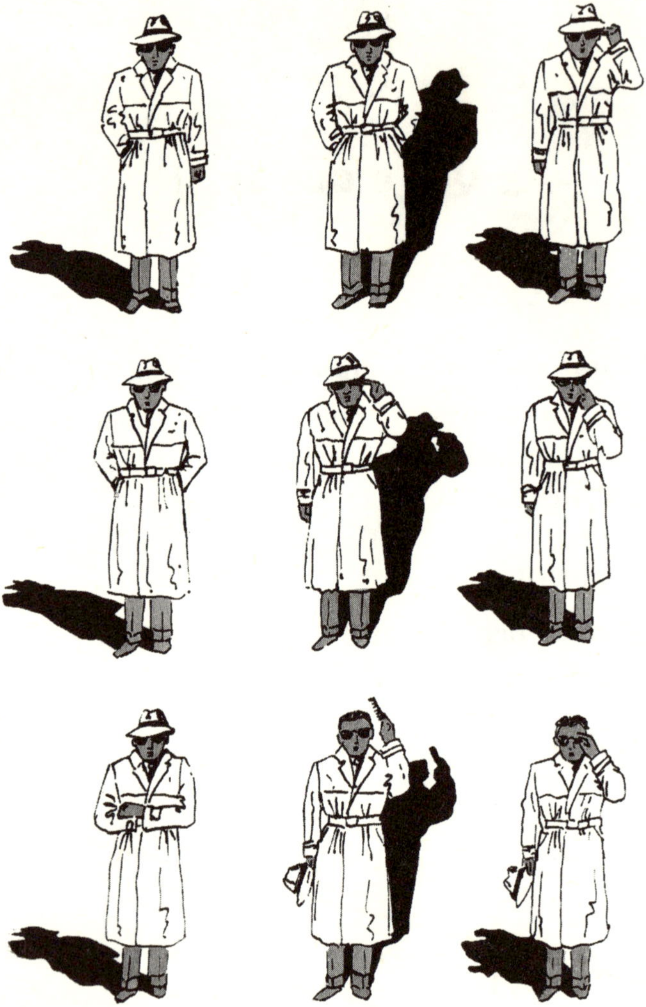

QUI? QUÈ?

distribuïts per tot el món que sovint han contribuït a eliminar o desestabilitzar règims polítics que perjudicaven els interessos dels Estats Units.

Rossinyol

És un ferro llarg i prim doblegat en un extrem que serveix per obrir panys.

Servei d'Identificació

La funció del Servei d'Identificació de la policia és aconseguir el màxim d'informació possible sobre els criminals.

Els seus membres s'encarreguen de buscar empremtes digitals a l'escenari dels fets, d'observar les diferents maneres de fer que siguin habituals en un delinqüent determinat, d'establir –a partir de les declaracions dels testimonis– una descripció de l'autor dels fets que els permeti de trobar una fotografia seva arxivada amb anterioritat, de trobar rastres típics, etc.

Després el Servei d'Identificació comprova si aquestes pistes assenyalen com a sospitós algun delinqüent que ja està fitxat a l'ordinador de la policia.

FBI

El Federal Bureau of Investigation és el cos de policia federal dels Estats Units.

Interpol

És la policia internacional. Té la seu a París, i al seu arxiu de delinqüents hi ha més d'un milió de malfactors fitxats.

KGB

Era la versió russa de la CIA. La tasca dels agents de la KGB era descobrir tanta informació com fos possible sobre els plans militars dels Estats Units.

Pirata aeri

Els pirates aeris són segrestadors d'avions.

Màfia

És una organització de criminals italiana.

Impost de protecció

Els malfactors extorsionen els amos de locals i els comerciants demanant-los diners. Si aquests no estan disposats a pagar, els destrossen els locals. Han de pagar per estar «protegits».

Aparell de visió nocturna

Amb un vidre especial també es veu en la foscor. Aquests aparells acostumen a funcionar amb raigs infrarojos i mostren les imatges de color verd i negre.

«Rififí»

És un mètode per entrar a robar. El lladre lloga el pis de dalt o del costat d'una joieria i fa un forat al sostre o a la paret. Així entra a la botiga sense que es dispari el sistema d'alarma.

Scotland Yard

És el servei d'investigació policial de la Gran Bretanya.

Falsificació de documents

Hi ha delinqüents que s'han especialitzat en la falsificació de documents.
Però avui en dia la policia comprova amb molta rapidesa si es tracta de papers autèntics o no.
Als aeroports, per exemple, tots els passaports es fan passar per un aparell de raigs ultraviolats.
La llum ultraviolada permet veure si s'hi han canviat algunes dades.

Distorsionador

Amb aquest aparell es deformen les emissions de ràdio i les trucades telefòniques de manera que si algú espia, no entén res. Per tant, és impossible saber de què es parla.
Lògicament, l'altra persona que participa en la conversa també necessita un aparell que anul·li la distorsió. Només llavors és entenedor el que diu la persona que truca.

Perista

És una persona que ven objectes robats.

Perquisició

Escorcoll del domicili d'algú per ordre del jutge.

Roda de reconeixement

Quan un sospitós és detingut, es fa una roda de reconeixement amb un o més testimonis.

Els testimonis són darrere d'un mirall, a través del qual veuen l'interior d'una altra habitació. Però la gent que hi ha en aquesta habitació no els veu. Es fa així per protegir els testimonis.
En una roda de reconeixement no tan sols entra a la sala el sospitós, sinó també altres persones. Cada una porta a la mà un rètol amb un nombre.
Llavors el testimoni ha de dir quina és la persona que ha vist a l'escenari dels fets.

Informador

Un informador és, per exemple, un delinqüent que passa informació secreta a la policia, sobre on és possible que es cometi un delicte o sobre qui hi ha darrere d'algun assumpte poc clar.
Els informadors també poden ser agents que s'hagin introduït en el món dels delinqüents per descobrir alguna cosa.

Espia

La tasca d'un espia és trobar informació secreta i

passar-la –sense cridar l'atenció– a la persona que li ha encarregat la missió.
Els agents secrets i els espies utilitzen, per exemple, codis molt complicats per xifrar els seus missatges. Així, si el missatge anés a parar a altres mans, se n'hauria de desxifrar el codi. Però això és molt difícil, fins i tot per als ordinadors.
La informació obtinguda per mitjà de l'espionatge es transmet per ràdio, per ordinador o amb microfilms, però poques vegades com a document escrit en paper.

Escoles d'espionatge

A l'antiga Unió Soviètica es va reproduir una típica ciutat dels Estats Units on els futurs espies russos ho aprenien tot sobre la vida en aquell país: Què mengen els nord-americans, què fan durant el temps lliure, quins costums tenen, com es comporta un autèntic nord-americà...
I és que els espies no han de cridar l'atenció. Es barregen entre els habitants del país i es com-

porten com ells. Per aconseguir-ho, els agents han d'estudiar molt. Dominen la llengua del país, coneixen la seva història i, a més, han de ser experts en la matèria de què han de descobrir més informació.

Escoles de carteristes

Anys enrere, encara que sembli mentida, a Londres hi havia escoles com aquestes. Les pràctiques es feien amb un ninot carregat de picarols. Els alumnes havien de treure mocadors, carteres, rellotges i bitllets de les butxaques de la roba que duia el ninot sense que sonés ni un picarol.

Agent doble

Un agent doble és un espia que treballa per a dos bàndols alhora. Per exemple, treballa per a dos països diferents sense que els seus caps ho sàpiguen. La majoria de vegades ho fa per guanyar més diners.

Grafòleg

És una persona experta en textos escrits a mà. Reconeix si un text o una signatura és autèntica o l'han falsificada.

Numismàtic

És una persona experta en monedes. Determina de quina època és una moneda antiga. També sap si es tracta d'una falsificació o d'una peça autèntica.

Filatèlic

És una persona experta en segells. Determina el valor dels segells i en coneix les peculiaritats. També és capaç de descobrir si un segell és autèntic o fals.

Biòleg i zoòleg

Un biòleg és una persona experta en plantes i un zoòleg és un especialista en animals. Sovint, durant

les investigacions, es requereixen els seus coneixements.
Per exemple, quan s'ha trobat pol·len a la roba d'una persona, el biòleg estableix la planta de què procedeix.

Cau d'observació

Sovint s'han de fer servir molts trucs per observar el sospitós. Ell no ha d'adonar-se de res i ha d'acabar delatant-se.
Els detectius es camuflen, per exemple, com a netejavidres per mirar a l'interior de les cases. O munten una caseta i una tanca al voltant d'un accés a les clavegueres per tal que sembli que s'hi fan obres. En realitat, s'hi amaguen detectius o membres de la Brigada d'Investigació Criminal i des d'allà vigilen una casa, un banc, un carreró o un cotxe.

Parany de color

Qui obre sempre el correu del director G.? Qui entra d'amagat al despatx del professor L.?

Una trucada anònima ha avisat que un treballador de l'empresa V. entrarà al magatzem durant la nit.
Per atrapar l'autor dels fets es posen unes pólvores incolores al correu del director.
El pany de la porta del despatx del professor també s'unta amb un líquid incolor. I la tanca de la porta del magatzem. Si l'intrús actua, el color del parany li queda fixat a les mans.
Amb la suor de la mà, el color és fa visible i no se'n va per més que la persona es renti. I d'aquesta manera la poden descobrir.

Mitjà de captura

El xantatgista havia exigit un milió de pessetes en bitllets petits. El senyor Walter F. havia de deixar els diners dins d'una bossa, a la mitjanit, sota d'un pont per on passa la via del tren.
El que no sabia el xantatgista és que la policia havia amagat dins la bossa un mitjà de captura. En aquest cas, una bomba de pintura.
Quan el lladre va obrir la bossa, la pintura li va

esquitxar a la cara i a les mans. Era una pintura de color vermell que no se n'anava amb res. Gràcies a les restes de pintura, poc després la policia trobava i detenia el xantatgista en un bar.

Xinxes

Les *xinxes* o microespies són aparells petitíssims per escoltar i espiar la gent.
Aquests aparells, és clar, estan prohibits. Fer-los servir és un delicte. Les *xinxes* s'amaguen, per exemple, al telèfon per escoltar les converses. Aquests minitransmissors es col·loquen a llums de taula, sucreres o prestatges.

Coartada

Una coartada és una explicació que demostra que un sospitós no era a l'escenari dels fets quan van passar, sinó en algun altre lloc. Alguns delinqüents s'inventen una coartada. Asseguren, per exemple, que en el moment dels fets eren al cine.

És probable que llavors els detectius preguntin tota mena de detalls: Quin era el títol de la pel·lícula? De què anava? Quins actors la interpretaven? Quant li va costar l'entrada? A quina fila i a quina butaca es va asseure?

Si les respostes són creïbles, la coartada pot ser veritat. Però a vegades també passa que els delinqüents s'aprenen de memòria la coartada i responen tan de pressa i amb tanta seguretat preguntes que seria normal que haguessin de rumiar una mica, que això és precisament el que els delata.

No hi ha ningú que es recordi amb tanta exactitud a quina fila i a quina butaca seia. Una coartada també ha de ser demostrable, és clar. Per tant, hi ha d'haver testimonis que hagin vist el sospitós.

Detector de mentides

El detector de mentides és un aparell que mesura diferents coses. Per exemple, la freqüència dels batecs del cor, la pressió sanguínia, la intensitat de la suor, la velocitat de la respiració i moltes altres

coses més. Si es vol saber si algú diu la veritat, el sotmeten al detector de mentides. Per regla general, es connecta l'aparell a la mà i al pit. Llavors el detector va mesurant les reaccions que té aquella persona. Al sospitós li plantegen preguntes. Per exemple: «Ha segrestat la senyora L.?» Fins i tot en cas que respongués amb tota tranquil·litat: «No, no», podria ser que mentís. Com que una mentida com aquesta posa neguitós qualsevol, el cor li comença a bategar una mica més de pressa, sua una mica més, els músculs es tensen o augmenta la pressió. Aquestes modificacions no es veuen, però el detector de mentides les percep i les reprodueix en un gràfic. En molts països està prohibit utilitzar el detector de mentides durant els interrogatoris, ja que l'aparell també es pot equivocar.

Impressió de veu

No només les empremtes digitals desemmascaren les persones, sinó també la veu. Encara que alteris del tot la veu, et tapis el nas mentre parles, xiuxiuegis o cridis, hi ha aparells que demostren que es tracta de la teva veu. La Brigada d'Investigació Criminal disposa d'aparells que fan una impressió de veu.

Aquí tens la impressió de veu d'un segrestador.

Una impressió de veu pot ser important, per exemple, per desemmascarar un segrestador o un xantatgista. La policia fa una impressió de la seva veu quan el segrestador, per mitjà d'una trucada telefònica, comunica les seves exigències del rescat. Si més endavant s'aconsegueix detenir el malfactor, li fan dir alguna cosa perquè l'aparell ho enregistri. Es comparen les impressions. Si coincideixen, queda demostrat que es tracta de la mateixa persona.

S'han detingut tres sospitosos. Qui és el segrestador?

Mirall transparent

Un mirall d'aquest tipus serveix per observar la gent sense que se n'adoni. Per una de les bandes, el mirall té un aspecte del tot normal. Qui el mira hi veu la seva imatge reflectida. Però per a la persona que hi ha al darrere del mirall és com si mirés a través del vidre d'una finestra. Un mirall d'aquest tipus s'acostuma a posar davant d'un forat a la paret que hi ha entre dues habitacions.

L'observador és a l'habitació del costat i no el veu ningú.

De totes maneres, en aquesta habitació no hi ha d'haver gaire claror, perquè, si no, la persona observada notarà alguna cosa.

Un cas per a tu

...i la Penya dels Tigres

Un espia...

En Lluc és al bosc, dalt d'un turó, amb la Virgi i en Pau. Es fixen en un home que sembla un excursionista, però que ja ha passat un parell de vegades pel mateix lloc. Tot fa pensar que vigila la casa d'un famós investigador. És evident que es tracta d'un espia.

–Ep! Segur que aquest individu no és un excursionista. L'he enxampat! –murmura la Virgi de sobte.

Quin error ha comès, l'home?

Trucs per a detectius professionals

Hi ha un llapis per comprovar si un bitllet de banc és fals?

Sí. Sembla un retolador. Fas un punt o una guixada al bitllet; si el punt es tenyeix de negre el bitllet és fals. Però si continua incolor, es tracta d'un bitllet autèntic.

Per què els detectius professionals sovint porten guants de goma quan són a l'escenari dels fets?

Quan encara no s'han detectat les empremtes digitals, hi ha el perill d'esborrar-les o de barrejar-les amb les empremtes digitals dels investigadors.

Com s'obre un calaix sense tocar-lo amb els dits?

Els professionals acostumen a portar guants de goma quan treballen a l'escenari dels fets. Si no en tens, pots obrir el calaix utilitzant un llapis. Introdueix-lo entre el tirador i el calaix, i estira. Si el calaix no té tirador, sovint el faràs sortir una mica empenyent-lo amb el llapis des de sota. Després fica el llapis a l'escletxa que haurà quedat oberta i ja no tindràs cap problema per obrir-lo del tot.

Com es comprova si una maleta té un doble fons?

Els professionals buiden la maleta i després la sospesen.
Si pesa massa per tractar-se d'una maleta buida, segur que té un doble fons on hi ha alguna cosa amagada.

És veritat que els professionals poden determinar l'antiguitat de la tinta?

Sí, però els cal disposar d'un laboratori i d'un microscopi electrònic de molts milers d'augments. Llavors, efectivament, és possible establir si una «x» en el mapa d'un tresor ha estat feta fa deu, cent o dos-cents anys.

Per què els talons, passaports i documents s'examinen amb llum ultraviolada o infraroja?

Aquesta llum especial fa visibles moltes coses. De vegades els falsificadors copien una firma sobre un taló, fent servir paper carbó, i després repassen les lletres amb tinta. A primera vista el taló sembla autèn-

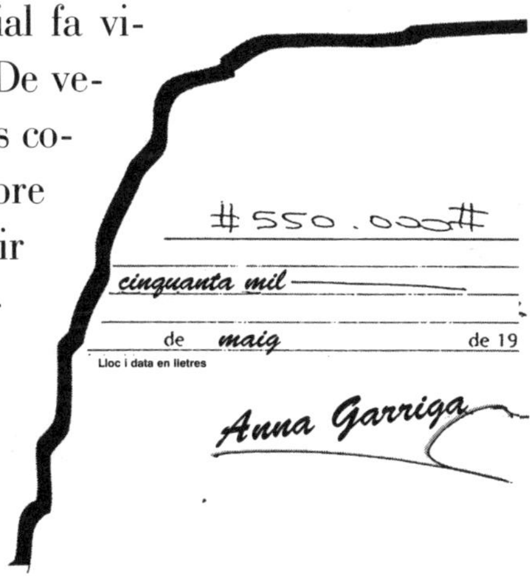

tic. Però amb la llum infraroja es pot veure que hi ha dos traços d'escriptura. Si el text inicial s'ha fet desaparèixer amb alguna substància per esborrar la tinta o s'ha rascat amb una fulla d'afaitar, no es nota si només s'hi dóna una ullada ràpida. Però amb llums especials i amb el microscopi es veu tot seguit el tractament que hi han donat.

Uns mitjons suats poden delatar un delinqüent?

Sí, els experts saben el grup sanguini d'una persona a partir de la seva suor. Si es deté un sospitós, es comprova de seguida si té el mateix grup sanguini que la persona que duia els mitjons. A partir de la suor, també es pot establir l'empremta «genètica» que tindrà el delinqüent. Com es fa, ho sabràs quan llegeixis la propera pregunta.

Es pot obtenir informació a partir de la saliva d'una persona?

Sí! Aquí tens un exemple de com funciona:

El 12 de juny, a les 14.01 hores, el segrestador va llepar la goma del sobre i el va tancar. Després va passar la llengua pel segell i el va enganxar al sobre.
A les 14.37 va tirar la carta a la bústia. Sabia que la carta l'entregarien el 13 de juny poc després de les 9 al senyor Leopold Golder.
Aquell mateix dia, a les 7.46, van segrestar la Lidia, la filla de vuit anys de la família Golder, quan

anava a escola. Un home emmascarat la va fer entrar al seu cotxe d'una estrebada i la va narcotitzar.

Tal com estava previst, el senyor Golder va trobar la carta del segrestador entre el correu del matí de l'endemà. El criminal exigia tres-cents milions. El senyor Golder els havia de deixar a la mitjanit als lavabos d'una àrea de servei de l'autopista.

El senyor Golder, tement per la vida de la seva filla, no va recórrer a la policia. L'entrega dels diners es va dur a terme sense dificultats i la nena va aparèixer l'endemà, narcotitzada, al pàrquing d'un supermercat. Només llavors el pare va comunicar els fets a la policia.

Tres mesos després, la policia tenia vuit sospitosos. Els membres de la Brigada d'Investigació Criminal encarregats del cas estaven convençuts que un dels vuit era el segrestador. En lloc de sotmetre'ls tots vuit a llargs interrogatoris, els van fer escopir en un recipient de vidre.

I això, per què? La saliva era el rastre més important que havia deixat el segrestador. Havia llepat el segell i la goma del sobre.

En un laboratori especialitzat en tècniques policíaques, aquests rastres de saliva s'havien analitzat amb molta cura. Mitjançant un microscopi electrònic s'havia augmentat l'estructura de la saliva mil milions de vegades, fins que els detectius van arribar a les partícules més petites: les cèl·lules. A les cèl·lules –com si es tractés d'un xip d'ordinador– hi ha enregistrat un codi, que és diferent en cada persona. És una mena d'empremta digital que es pot trobar a la saliva, a la sang, a la pell i als cabells.

El codi de la saliva del segrestador coincidia exactament amb el codi de la saliva d'una de les dones que hi havia entre els sospitosos, i d'aquesta manera la van desemmascarar.
Tot i que havia fet servir guants i no havia deixat cap rastre, la van detenir per la saliva.

Es pot saber si algú l'han enverinat amb arsènic, a partir d'un esquelet?

Sí. L'arsènic penetra amb rapidesa als ossos i hi queda emmagatzemat, de manera que fins i tot tres-cents anys després es pot demostrar que aquella persona la van enverinar i assassinar. L'arsènic també es pot trobar als cabells.

Es pot demostrar que en un lloc hi ha hagut una taca de sang?

Sí, encara que se n'hagin netejat tots els rastres. A les fosques, s'escampa un líquid especial fluorescent sobre el lloc en què es creu que hi ha hagut sang. Si el rastre és recent, el líquid brilla lleugerament. Si fa més temps que hi és, el líquid resplendeix amb més intensitat i agafa un to blavós.

Es pot comprovar si la sang d'una taca és d'un animal o d'una persona?

Els experts arriben fins i tot més lluny: d'entrada, al laboratori examinen la sang amb el microscopi. Si és d'un animal, fins i tot poden dir de quin. En el cas de la sang humana també n'estableixen el grup sanguini.

Com se sap si un foc ha estat intencionat?

Primer de tot s'ha de trobar l'origen de l'incendi, és a dir, el lloc on s'ha iniciat el foc. Els experts en incendis busquen, per exemple, bidons de benzina o pintures inflamables. Sovint es provoquen incendis utilitzant aquests productes.
Els experts poden descobrir si un incendi s'ha produït de manera espontània o si algú l'ha provocat amb un encenedor. A més es pot comprovar si l'origen de l'incendi ha estat un cable que s'ha cremat o un curtcircuit.

Com es comprova una coartada?

Sovint els delinqüents es delaten cometent petits errors. Asseguren, per exemple, que han agafat un tren concret per anar a algun lloc. El detectiu pregunta si el tren va passar a l'hora prevista o si duia retard, per exemple. El sospitós solament pot respondre aquestes preguntes si de debò va ser al tren. De vegades els delinqüents obtenen del diari la informació per a les seves coartades. D'altres, asseguren que han estat en un partit de futbol mentre

tenien lloc els fets. Però només la persona que hagi estat de veritat al partit sap què va passar al camp durant la mitja part. Si hi havia música, si algú havia fet un discurs, si hi havia hagut cap espectacle. D'aquestes coses no se'n comenta mai res quan es retransmet un partit per televisió.

Un sospitós assegura que era al cinema en el moment dels fets. Per tant, no el poden considerar sospitós de ser l'autor dels fets. Però, és certa la seva coartada?

Un test ràpid: el sospitós ha d'explicar amb detalls la pel·lícula que diu que ha vist. Tot coincideix?

Segon test: els detectius i els membres de la Brigada d'Investigació Criminal van a la taquilla del cine amb una fotografia del sospitós. El reconeix algú?

Les dents d'un mort desconegut, ens permeten de saber-ne l'edat?

Sí. Les dents d'una persona es modifiquen al llarg de la vida i per això un expert pot establir-ne l'edat aproximada a partir de la dentadura.

Les dents ajuden a la identificació d'un mort?

Sí. Fins i tot quan el mort està del tot desfigurat, a partir de les dents s'estableix de qui es tracta. Els membres de la Brigada d'Investigació Criminal prenen nota exacta de l'estat de la dentadura del mort:

Quantes dents té a la boca? Quantes en té en bon estat? I de corcades? I d'empastades? I de postisses? De quin material està fet l'empastament?

La fitxa dental del mort es publica en revistes especialitzades que llegeixen molts dentistes. Si a un dentista li resulta familiar aquella fitxa dental, pot consultar el seu arxiu i comprovar si la descripció de la dentadura coincideix amb la d'algun dels seus pacients. Si és així, n'informarà la policia.

Per què els detectius obren les portes empenyent-les amb la punta de la sabata?

Perquè mai no estan segurs de si hi ha algú al darrere, i per enretirar-se a temps si els ataquen. Només entren quan, després d'obrir la porta, no passa res. Però tot i així han d'anar amb molt de compte.

Com es reconeix si un quadre és fals?

Un expert ha donat a la Penya dels Tigres un consell molt important:

La tela on es pinta un quadre a l'oli sempre està clavetejada en un marc de fusta. Molt sovint, els falsificadors cometen un error en aquest punt i utilitzen claus moderns. Claus que fa dos-cents anys encara no existien permeten de reconèixer immediatament una falsificació. A més, les pintures a l'oli no s'assequen fins al cap de molt temps, a vegades poden tardar fins i tot cinquanta anys. Si el quadre és una falsificació, als llocs més gruixuts la pintura sovint encara no està del tot seca. Els experts poden comprovar-ho i descobrir així la falsificació.

Es pot saber si a sota d'una pintura a l'oli hi ha un altre quadre?

Sí. Fent una radiografia, els experts demostren que una còpia s'ha pintat damunt d'una pintura anterior que el falsificador, absurdament, no ha eliminat.

On es poden amagar càmeres ocultes?

Anys enrere els detectius eren encara més enginyosos que avui.
Hi ha imatges obtingudes per càmeres ocultes en:

- Capses de llumins
- Bastons de passeig
- Corbates
- Rellotges
- Talons de sabates
- Llibres
- Encenedors
- Bosses de mà
- Pistoles
- Navalles

Com es desxifren missatges secrets?

Els trucs dels detectius professionals són els següents:

- Observa amb atenció el missatge. Els signes, encara que d'entrada resultin absolutament incomprensibles, representen lletres i paraules.
- Cada signe representa la mateixa lletra. En català apareix molt sovint la lletra «a».

Per tant cal buscar el signe que aparegui més sovint en el text.

Les lletres que més es repeteixen:

català: A, E, S, M i C
francès: E, A, I, S i T
castellà: E, A, O, S i N
italià: E, A, I, O i N

- Busca els signes que més es repeteixin i tradueix-los a les lletres més freqüents. Comença a tenir cap sentit, el text?
- Si hi ha espais en blanc entre els signes del missatge xifrat, els signes formen una paraula. Intenta primer desxifrar les paraules més curtes.

Sovint ens permetran després entendre les més llargues.

- Si es descobreix el signe que correspon a una nova lletra, se substitueix immediatament a tots els llocs on apareix.

Desxifrar un codi és molt i molt difícil. Actualment, es fa per mitjà d'ordinadors, però els codis nous són tan enrevessats que l'ordinador pot tardar hores, dies, i fins i tot setmanes a desxifrar-los.

Un cas per a tu

...i la Penya dels Tigres

Qui és Bonny Y?

1
2
3
4
5
6

Bonny Y és un lladre molt enginyós i molt buscat que canvia constantment d'aspecte.
La fotografia número 1 és de fa un any.
En cada una de les altres cinc fotografies apareix amb un aspecte ben diferent. Però atenció: n'hi ha dues on no és Bonny qui hi apareix disfressat. Aquests homes es distingeixen per alguns trets de la cara que no es poden canviar.

Pregunta per a tu

En quines fotografies no surt el veritable Bonny Y?

Trucs freqüents dels delinqüents

El rellogat perillós

Un lladre busca anuncis al diari que ofereixin estudis o habitacions per rellogar en mansions. Molt ben vestit, es presenta a la cita per veure l'habitació i amb les seves bones maneres fa molt bona impressió a l'amo. De sobte, fingeix un dolor horrible o un atac de cor. Mentre l'amo de la casa corre cap al telèfon per avisar una ambulància, ell roba tots els objectes de valor que troba. Després fuig per la finestra amb el botí.

Hi ha monedes d'or que no valguin res?

Sí. Un truc antiquíssim que sempre han fet servir els delinqüents consisteix a donar un bany molt fi d'or a monedes de níquel que no valen res. A primera vista semblen valuoses monedes d'or.
Potser has vist alguna vegada algú que mossega una moneda per saber si és autèntica.
Per què? Si la moneda només té un bany d'or, la capa d'or saltarà o es ratllarà. A més, l'or és un metall més tou que el níquel.

Com es posen en circulació bitllets falsos?

La majoria de les vegades, els delinqüents utilitzen el truc següent: compren segells, xocolatines, xiclets o una revista i paguen amb un bitllet fals.
El canvi són diners autèntics, i d'aquesta manera han «netejat» el bitllet fals.

Com es copia i falsifica un quadre famós?

Per tal que el marc i la tela tinguin un aspecte antic, els falsificadors compren quadres antics que no tinguin cap valor. En la majoria de casos, n'eliminen la pintura antiga amb molt de compte per tornar-lo a pintar.

Lògicament, han de conèixer a la perfecció el quadre que volen copiar. Però dels quadres més valuosos, n'apareixen reproduccions en molts llibres.

Els falsificadors més descarats fins i tot van al museu i pinten allà. Es fan passar per estudiants que volen realitzar un estudi d'una obra.

Els colors han de coincidir. Els grans mestres tenien les seves receptes pel que fa a les pintures i aconseguien així colors meravellosos.

Un bon falsificador intenta preparar aquestes receptes. Per cert, sovint un dels components d'aquestes pintures tan especials era la saliva o fins i tot l'orina.

Però què fa després el falsificador perquè el quadre s'assequi aviat i el vernís sembli antic? El ver-

nís és una mena de laca que dóna la brillantor adient a un quadre pintat a l'oli.
El truc: el falsificador asseca el quadre en un forn. Però els millors experts –després de dur a terme un examen a fons– també poden demostrar que la pintura no s'ha anat assecant al llarg de molts anys, sinó en un procés ràpid.
Perquè apareguin al vernís les esquerdes que també es van formant amb el pas dels anys, els falsificadors enrotllen el quadre, un cop acabat, en un cilindre d'un cert gruix. D'aquesta manera, s'esquerda el vernís.

Es pot aconseguir que un paper sembli antic?

Sí! Fent servir te negre. Amb un vaporitzador, es ruixa amb te un full normal de paper o un tros de pergamí i després es planxa. I de seguida semblarà antic, s'ondularà i agafarà un to marronós.
Perquè els bitllets de banc semblin usats, sovint els falsificadors els renten i els assequen. Així el paper s'ondula

Com es forada la fusta dels mobles perquè sembli que està corcada?

Es falsifica tot allò que arriba a tenir valor. Per tant, també es falsifiquen els mobles i les talles de fusta.
Però la fusta antiga sovint està corcada. Per això els falsificadors, amb una broca molt fina, fan forats en les falsificacions fetes amb fusta recent.
Els experts, quan volen comprovar si es tracta d'una autèntica antiguitat, tallen amb compte un tros de la fusta.

El forat que fa el corc és irregular. En canvi, un forat fet amb broca és llis i recte.

Com se sap si s'ha utilitzat fusta antiga per tallar una falsificació?

Els falsificadors més astuts fan servir fusta vella en les seves talles. La fusta vella està corcada i els forats que té són autèntics. Tot i així, un expert hi pot descobrir el truc.

Si el corc ha penetrat en un moble acabat, el forat que es veu és del tot rodó.

Si s'ha treballat amb fusta que ja estava corcada, els conductes del corc sovint queden tallats de manera que presenten un aspecte ovalat.

falsificació

autèntic

Com s'ho fan els falsificadors de monedes per posar en circulació la seva mercaderia?

El truc de la moneda «antiga»

Mentre visites un temple antic, pots veure algú que, de sobte, s'ajup i recull de terra una moneda antiga. Amb grans manifestacions d'entusiasme assegura que ha trobat un objecte de gran valor. Segur que aviat se li acosta gent que li vol comprar la moneda antiga i que paguen un bon preu. Ningú no sap que aquell home és un estafador. Ell mateix ha falsificat la moneda i l'ha amagat al temple.

D'on surten les fotografies d'ovnis i d'esperits?

Fotografies d'ovnis

De tant en tant apareixen fotografies autèntiques d'ovnis i d'esperits. En gairebé tots els casos s'acaba demostrant que estan trucades.

Els trucs:

De vegades es tracta de plats voladors fets a casa i penjats d'un fil. En l'actualitat, els ordinadors analitzen les fotografies amb tant detall que es veuen aquests fils.

Altres vegades, els ovnis són objectes voladors teledirigits, discos voladors o bé globus o avions en què el sol es reflecteix d'una manera especial.

Una fotografia concreta d'un ovni va tenir intrigats els experts durant molt de temps. Era la fotografia d'un ovni autèntic? Ni tan sols amb l'ordinador es podia descobrir cap fil ocult que sostingués el plat volador fals davant la càmera. I l'ovni tampoc no era cap disc volador que algú hagués llançat per l'aire.

Només deu anys més tard el fotògraf del suposat ovni va dir la veritat.

Havia retallat la forma d'un ovni en plàstic negre i l'havia enganxat al vidre d'una finestra. A continuació l'havia fotografiat. I ja tenia l'ovni retratat. D'aquesta manera s'han trucat també moltes fotografies de monstres voladors.

Fotografies d'esperits

Has vist mai una fotografia d'un esperit?

En una ocasió, un professional va explicar a la Penya dels Tigres com es prepara una fotografia perquè hi aparegui un esperit:

Agafa el negatiu (la pel·lícula ja està revelada però encara no se n'han fet les còpies sobre paper). Amb pintura negra i amb molt de compte pinta un fantasma en una superfície clara del negatiu. Després encarrega una còpia d'aquest negatiu pintat. I veuràs el fantasma...

Un cas per a tu

...i la Penya dels Tigres

La comtessa misteriosa

La comtessa Patricia Von Pock és famosa per la seva manera arrogant de tractar tothom. Tot i així, la conviden a moltes festes, en les quals no para de rondinar.

Des de fa algunes setmanes, al baró Bertram hi ha una cosa que li xoca: La comtessa ja no rondina. Cada cop està més segur que té raó quan sospita que aquella no és l'autèntica comtessa. ¿Pot ser que algú es faci passar per la comtessa Von Pock per entrar d'estranquis a les festes de l'alta societat i així cometre un robatori? Però aquella dona és exactament igual a la comtessa.

Pregunta per a tu

Aquesta és l'autèntica comtessa Von Pock?

L'equip de detectiu de la Penya dels Tigres

És útil un mirall de dentista per a un detectiu?

Sí. Potser estaràs de sort i el teu dentista te'n regalarà un.

Aquest mirallet rodó amb un mànec prim també es compra en adrogueries.

Amb un d'aquests miralls, des de darrere d'una porta ajustada pots veure el passadís sense que ningú et vegi a tu. També pots examinar els baixos d'un cotxe, mirar a sota un llit o un armari, per descobrir si hi ha res amagat.

Com s'organitza un amagatall secret de la Penya dels Tigres?

La Penya dels Tigres té el seu amagatall secret al soterrani d'un restaurant xinès. Darrere d'una gran estàtua d'un tigre, hi ha l'accés que abans feien servir els proveïdors del restaurant.
L'amagatall secret només fa 3 × 4 metres, però ofereix tot el que en Pau, en Lluc i la Virgi necessiten per resoldre els casos.
Si no tens a l'abast cap local especial, pots convertir la teva habitació en un bon lloc de trobada de la Penya dels Tigres.

Minisistema d'alarma

Perquè sentis si algú obre la porta de la teva habitació, penja en un fil una campaneta damunt de la porta. La campaneta ha de sonar encara que la porta només s'obri una mica. També hi pots penjar dues llaunes buides, que sonaran quan la porta es mogui.

Llapis amb molta punta

Fes una bona punta a tots els llapis. Si quan tornes n'hi ha cap amb la punta una mica gastada, sabràs que algú l'ha fet servir.

Mirall retrovisor

Si seus d'esquena a la finestra o a la porta, col·loca't un mirallet a la paret que tinguis al davant. Gràcies a aquest mirall veuràs si algú mira per la finestra o per la porta. Sense girar-te, ho observaràs tot.

Mirall exterior

Instal·la't un mirall davant de la finestra, de manera que vegis qui hi ha a sota o al davant encara que s'amagui.

Perletes

Posa sempre boletes ben petites per damunt de totes les piles de paper que tinguis a l'habitació. Si quan tornes les boletes ja no hi són, vol dir que algú t'ha regirat els papers.

Capsa de diners

Dins d'una capsa que faci tot l'efecte de contenir diners, posa-hi una molla gran ben premuda. Si un lladre l'obre, la molla li saltarà als nassos i sabrà que no se les ha de veure amb un principiant.

Material amagat

Per amagar el teu equip de detectiu et cal una bona idea. Agafa una capsa de cartró, on escriuràs amb lletres ben grosses i clares «maqueta de tren». Ningú no es pensarà que en realitat allà dins hi hagi coses importants i secretes.

Fitxer

En Lluc és molt desordenat. En casos en què necessita amb urgència la informació, això li és un gran inconvenient.

Per mantenir millor un cert ordre, fes-te arxivadors amb capses velles de cartró. Per exemple, un fitxer d'empremtes digitals, una capsa per a casos actuals, un arxivador per a observacions, una capsa per als informes i dibuixos i un arxiu de fotografies.

Els fitxers, naturalment, han de tenir un aspecte del tot professional. Folra-te'ls amb paper adhesiu i identifica'ls amb lletres adhesives. Amb unes lletres ben col·locades, el fitxer tindrà un aspecte immillorable.

Rellotge, plànol de la ciutat i mapa de la rodalia

Per ser un bon detectiu necessites aquestes tres coses.

Plafó de suro

Hi pots clavar amb xinxetes tota mena d'informació. Si tens la teva pròpia Penya dels Tigres, posa-hi rètols amb els noms dels membres.
Si vols fer arribar una nota a un membre concret, clava-la a sota el rètol que porta el seu nom.

Radiocasset

En necessites un per gravar converses.
Vols gravar el que comentes amb altra gent? Amaga un radiocasset al prestatge dels llibres i el micròfon darrere d'una planta, per exemple.
Potser el radiocasset s'engega pitjant una tecla o un botó del micròfon. Si és així, t'hauràs d'acostar dissimuladament a la planta per engegar-lo sense que ningú se n'adoni.

Alarma secreta

Tens un timbre o una sirena? Instal·la't un interruptor a sota l'escriptori.
Has vist mai els interruptors dels llums de peu que s'accionen trepitjant-los? Són molt adients per a les alarmes. En cas d'emergència pots pitjar l'alarma amb el peu.

Mirall i llanterna

Al costat de la finestra hi hauries de tenir sempre un mirall i una llanterna.
D'aquesta manera pots fer senyals lluminosos tant de dia com de nit.

Quina alçada té el teu visitant?

Enganxa una cinta mètrica al marc de la porta. Marca amb un punt gros les mides que corresponen a un metre, a un metre i mig i a dos metres. Si un desconegut entra a la teva habitació pots calcular-ne ràpidament l'alçada.

Retrat robot

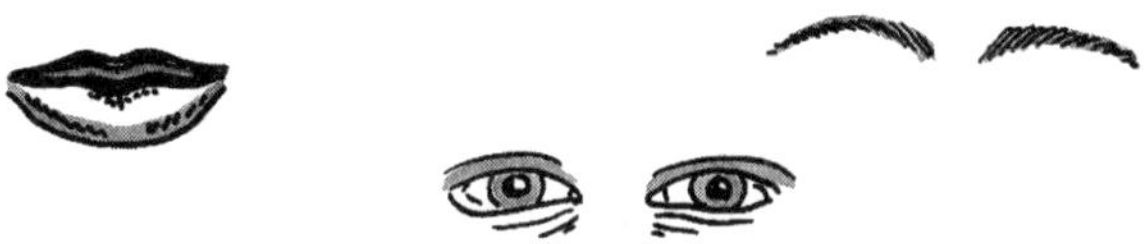

Hi ha dibuixants que s'han especialitzat en la realització de retrats robot. El testimoni descriu l'autor dels fets i el dibuixant intenta reproduir-ne la descripció. El testimoni li va dient si el dibuix es correspon o no amb la persona que ell va veure o si se n'ha de modificar res.

En l'actualitat, ja són també els ordinadors els que fan els retrats robot. Arxivats a l'ordinador, hi ha centenars de possibles formes de cap, pentinats, nassos, ulls, ulleres, bigotis, boques, etc. Tots aquests elements es poden combinar com es vulgui per compondre el retrat robot de l'autor dels fets.

El dibuix que en resulta de vegades permet trobar el delinqüent amb rapidesa.

Dibuixar un retrat robot és difícil, però la Penya dels Tigres fa servir fulls robot amb diferents elements per triar. Intenta descriure una persona donant-ne tants detalls com puguis.

Formes de cap

Barbetes

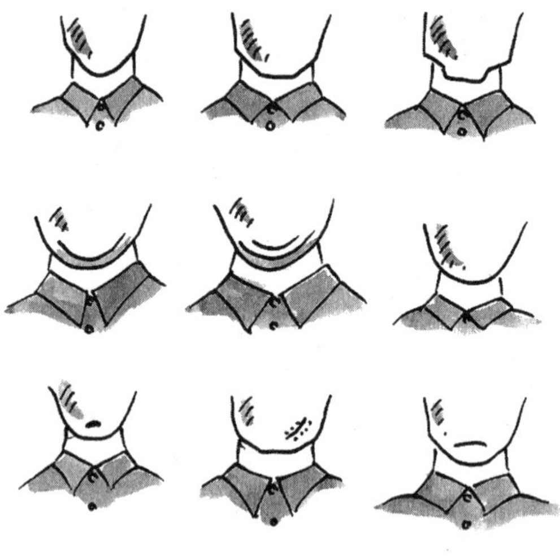

Nassos

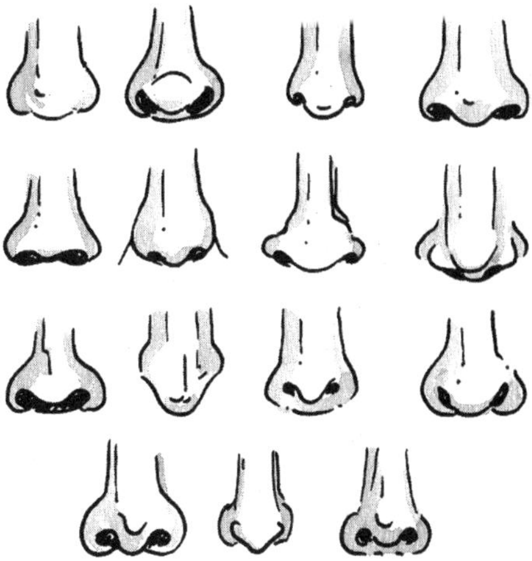

Llavis

Ulls

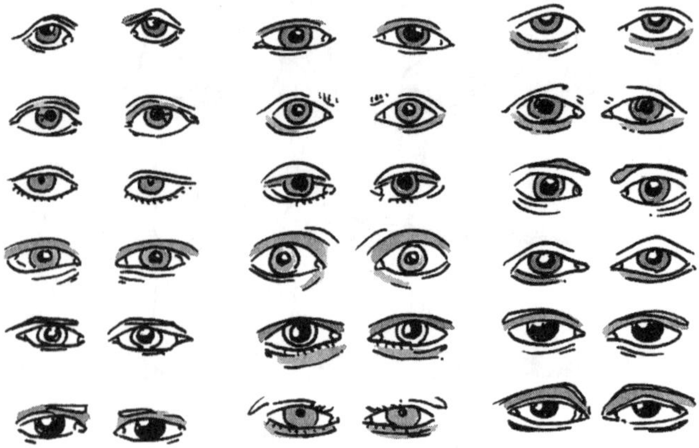

Celles

Cabells

Barbes i bigotis

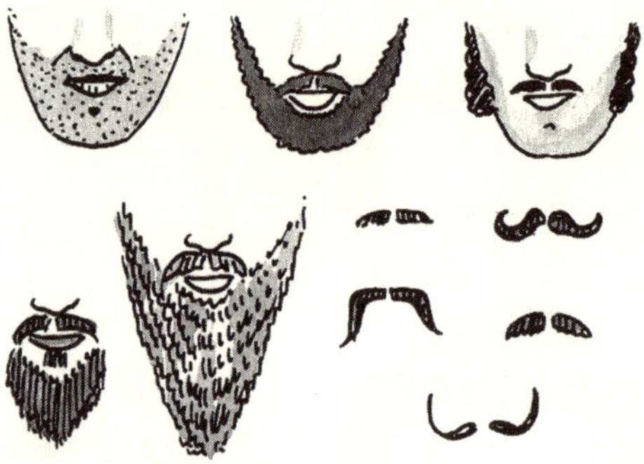

Orelles

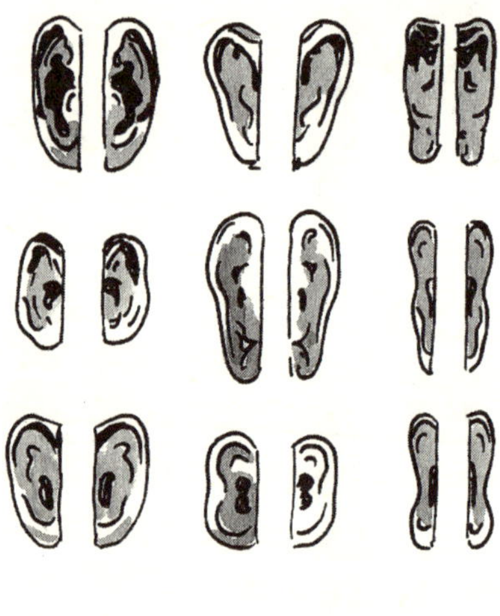

Com es fa un retrat robot amb els fulls de la Penya dels Tigres?

Copia tots els dibuixos en un full. Marca els elements que coincideixin amb la descripció de l'autor dels fets. Després intenta combinar-ne tots els fragments i dibuixar un retrat robot.

Què és un superfull robot?

És un full robot on a més del retrat pots fer-hi anotacions sobre l'aspecte general i la roba de l'autor dels fets. Quina fila feia?

Què és un parany de llauna?

Les llaunes buides són bons sistemes d'alarma. Penja-les fora de la finestra. Si algú l'obre, les llaunes dringaran. Atenció: des de fora no s'han de veure. Posa uns quants bastons contra la porta i penja-hi llaunes. Si s'obre la porta tot plegat caurà a terra i farà molt xivarri.

Penja una llauna buida al pany de la porta. Si algú la mou sonarà fort.

Aspecte del criminal

Baix
D'alçada mitjana
Alt
Molt prim
Prim
Esvelt
Una mica baix i corpulent
Amb una lleugera panxa
Amb una bona panxa
Gras
Camina molt dret
Camina encorbat

Inclina el cos cap a la dreta
Inclina el cos cap a l'esquerra
D'espatlles caigudes
Musculós
Més aviat escanyolit
De cames curtes
De cames llargues
Garrell
Amb cames en
forma de «X»

Roba del criminal

Caçadora i texans
Pantalons i americana
Ampla
Tronada
Cara
Esportiva
Extravagant
Antiquada
D'un altre país

Què és un parany de nous?

Escampa closques de nou pels llocs per on és possible que algú vulgui passar desapercebut. Quan l'espia les trepitgi, petaran, i ell es delatarà. Si no tens closques de nou a l'abast, també pots fer servir patates de xurreria, però vés amb compte: poden deixar taques de greix! Les patates de xurreria també fan molt soroll quan peten.

Què és un recorregut d'entrenament amb paranys?

És un bon joc i un bon entrenament. El qui organitza el joc col·loca llaunes, escampa branquetes seques, posa fils amb cascavells i instal·la alarmes de llauna per l'interior d'un pis. Mentrestant, els jugadors s'esperen fora del pis.
Quan l'organitzador ha acabat, apaga el llum. El pis ha d'estar del tot a les fosques.
Quan ell crida: «Endavant!» entra el primer jugador. Ha de mirar d'arribar fins a l'organitzador sense fer cap soroll. El jugador que ha comès menys errors és el guanyador.

Què necessites per recollir empremtes digitals?

L'equip

– Un pinzell tou
– Pólvores d'empremtes digitals
– Cinta adhesiva
– Targetetes blanques o negres

Les pólvores d'empremtes digitals:

Pots utilitzar:

– Talc
– Pols de carbó feta amb carbonets de dibuix fregats amb paper de vidre
– Una mina de llapis que també pots convertir en pols fina amb paper de vidre

Les pólvores les posaràs en una capsa o una bossa petita. Atenció: sobretot que el recipient estigui ben tancat! És millor que a més de tancar-lo bé, l'asseguris amb cinta adhesiva.

Així és com es fa:

Utilitzant les pólvores pots recollir sense dificultats empremtes digitals de qualsevol superfície llisa.
Amb el pinzell vés aplicant les pólvores amb suavitat damunt la superfície, fins que vegis aparèixer de manera visible l'empremta digital. Bufa, per eliminar la resta de pólvores innecessària.
Després agafa una cinta adhesiva, posa la part encolada damunt de l'empremta digital i enganxa-la bé; la millor manera de fer-ho és passant-hi l'ungla per sobre.
Quan desenganxis la cinta adhesiva l'empremta digital hi quedarà marcada.
Llavors enganxa-la en una targeta (l'empremta digital que has recollit amb pólvores blanques, en una fitxa negra; les altres, en una fitxa blanca).
No oblidis fer les anotacions corresponents a la fitxa! On has recollit l'empremta? Quina hora era?

Com es fa un fitxer d'empremtes digitals?

Necessites un tampó, és a dir, una espongeta de tinta de segells de goma, on posaràs unes gotes de tinta d'escriure. La tinta és més fàcil de treure dels dits que la tinta de segells de goma.
Primer pressiona cada dit separadament sobre l'espongeta i després sobre una fitxa.

L'ordre ha de coincidir:

Mà esquerra: dit petit, anular, dit del mig, índex i dit gros.
Mà dreta: dit gros, índex, dit del mig, anular, dit petit.

Inclou en la fitxa tantes dades sobre la persona com et sigui possible:

– Nom
– Adreça
– Data de naixement
– Número de telèfon

Què porta en Lluc a la cartera especial?

Una cartera així te la pots fer tu mateix. Necessites una cartera amb molts compartiments. En Lluc hi té un munt d'aparells electrònics, que ha anat arreplegant, i una agenda-ordinador amb una pantalla on es pot escriure. A més, també hi porta:

– **Un bloc de notes:** Els primers fulls estan plens de deures de l'escola i apunts de classe. A qualsevol que hi doni una ullada, sense entretenir-s'hi, li passarà per alt l'existència de les anotacions secretes. (Més endavant, trobaràs les instruccions per fer-te un bloc de la Penya dels Tigres, un bloc que no crida gens l'atenció.)

– **Un bolígraf i un llapis:** hi ha bolígrafs que fins i tot escriuen a sota l'aigua, sobre les pedres, sobre plàstic i a la paret d'una habitació. Demana que te'n regalin un pel teu aniversari.

– **Una lupa:** en Lluc en porta dues. Una de petita i una de molt potent.

– **Unes pinces**

– **Les pólvores de les empremtes digitals**

– **Bossetes i sobres** per ficar-hi tot allò que trobi i li sembli sospitós.

– **Una cinta mètrica**

– **Fulls de paper grans** on la Penya dels Tigres dibuixa petjades, per exemple.

– **Una càmera fotogràfica**

– **Una llanterna potent**

– **Una navalla o unes tisores petites**

– **Guixos de colors de senyals secrets:** els altres Tigres també porten sempre guixos. Cada un té el seu color.
Lluc = verd
Virgi = groc
Pau = blanc

– **Una moneda per trucar des d'una cabina**

– **Guants de plàstic** per no destruir rastres que hi hagi a l'escenari dels fets i no deixar-hi empremtes digitals.

– **Un xiulet** que imita el cant d'un ocell per a casos d'emergència i per comunicar-se a gran distància.

Com et pots fer un bloc secret de la Penya dels Tigres?

Si algú el fulleja només hi trobarà anotacions sense sentit sobre els cucs de terra i els conills. Però en realitat, al bloc hi ha moltes anotacions importants.

El truc:

Agafa un bloc de notes petit o millor un quadern i retalla –cada dos fulls– una tireta d'uns 3 mm del viu de la pàgina. El primer full de la llibreta ha de ser sencer.

Fulleja ara el bloc o el quadern. Sempre s'obriran només les pàgines senceres, les retallades quedaran amagades a sota. Les retallades són on es fan les anotacions secretes; les senceres, les anotacions corrents.

Com es construeix una càmera oculta?

Amb una càmera oculta fotografies algú sense que se n'adoni. Per construir-la necessites una càmera que passi el rodet automàticament, així faràs més d'una fotografia. Pots amagar la càmera en una vella cartera d'escola, per exemple.

Retalla-hi un forat en un dels costats i col·loca la càmera dins de la cartera de manera que l'objectiu quedi davant mateix del forat. Subjecta la càmera amb cinta adhesiva ampla perquè no es mogui, ni rellisqui.

Per fer les fotografies penja't la cartera a l'espatlla i fes veure que hi busques alguna cosa a dins. Mentrestant, enfoca el sospitós amb la càmera i pitja el botó. Abans has d'haver provat en quina posició has d'aguantar la cartera perquè les fotografies surtin bé.

Què hi ha a la capsa de coloret de la Virgi?

La Virgi no es pinta, ni es maquilla però tot i així té un estoig de coloret. El contingut és molt útil quan la Penya dels Tigres segueix una pista important.

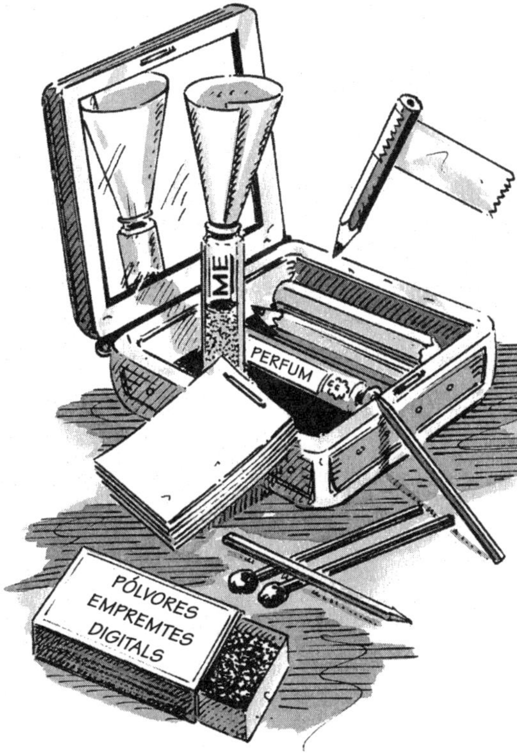

Amb el mirall pots veure tot el que passa darrere teu. També pots enviar senyals lluminosos i mirar el que hi ha a l'altra banda d'una tanca o darrere d'una cantonada.
A l'estoig ja fa temps que no hi ha pólvores. És un estoig vell de la mare de la Virgi.
Hi porta unes quantes coses molt útils:

– **El minillapis**

Agafa el llapis més prim que trobis i talla'l en uns quants trossos. Fes-los punta i fica'ls a l'estoig.

– **El minibloc**

Retalla fulls de paper fi de la mida d'un segell. Subjecta'ls per la cantonada superior i ja tens un minibloc.

– Enrotlla un tros de cinta adhesiva sobre el llapis, per recollir empremtes digitals.

– Les mostres de perfum sovint van en tubs molt petits. Dins d'un d'aquests tubets buits pots posar-hi una mica de pólvores d'empremtes digitals. Fes-te un embut de paper perquè et resulti més fàcil.

– En un altre tubet, pots dur-hi vinagre. Posa-hi també llumins de fusta amb la punta punxeguda, així escriuràs amb vinagre missatges secrets invisibles.

Si no tens cap estoig de coloret, agafa una capseta de metall o una cigarrera vella. Enganxa un mirall a la tapa, i així també tindràs el teu miniequip de detectiu.

De què serveixen les mantes, els guants i els abrics vells?

Si vols seguir algú i tenir un aspecte diferent, adopta una imatge més grassa. Amb tovalloles i mantes fes-te una panxa i unes espatlles més amples. Amb cinturons i cordills ho subjectes tot bé. Posa't a sobre un abric vell, que et vagi molt ample i tindràs de seguida un aspecte ben diferent.

Un cas per a tu

...i la Penya dels Tigres

Lladres enginyosos en acció

La Penya dels Tigres s'ha compromès a cuidar-se del gat de la Lluïsa, la tieta d'en Pau. La tieta Lluïsa se n'ha anat de viatge i serà fora tres setmanes.
El dilluns de la segona setmana, tots tres tenen una estranya sensació quan entren al pis de la tieta.
No saben ben bé per què, però sospiten que hi ha entrat algú. El gat també està neguitós, cosa que no és habitual.
A la gran sala d'estar hi ha les valuoses antiguitats de la tieta Lluïsa. D'entrada, els Tigres no saben si hi falta res.
Però quan observen amb atenció els diferents objectes, en Pau té una sospita.
Han entrat uns lladres i han substituït les peces autèntiques per males falsificacions.
Llavors es posa a buscar alguna fotografia on aparegui la sala d'estar amb l'aspecte que sempre havia tingut.
Compara-la amb la imatge que ofereix ara.

Pregunta per a tu

Quants objectes s'han substituït per falsificacions?

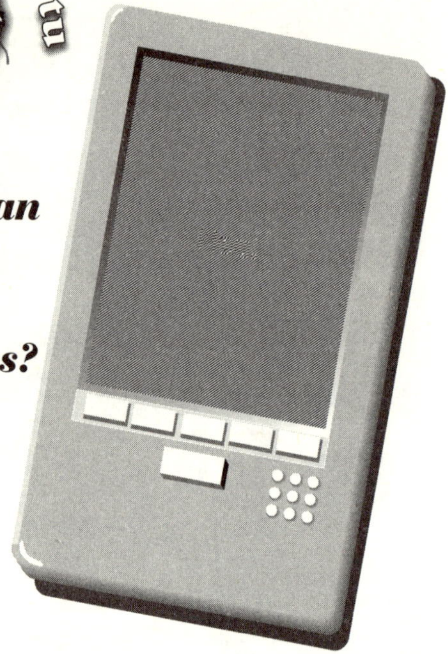

Escriptures i missatges secrets

Missatges secrets fets de cordill

Un tros de cordill, no gaire llarg, pot dir moltes coses. Segons els nusos que hi facis i la distància que hi hagi entre ells, els teus amics detectius sabran què els vols dir.

Com es passa un cordill amb un missatge secret?

El pots amagar en una escletxa de la paret, deixar-lo caure com aquell qui res, posar-lo en una bústia d'algú, en una cartera, jugar-hi i ensenyar-lo o llançar-lo de manera dissimulada als teus amics detectius.

1 nus = trobada secreta com sempre
2 nusos = trobada secreta de seguida
3 nusos = trobada secreta demà

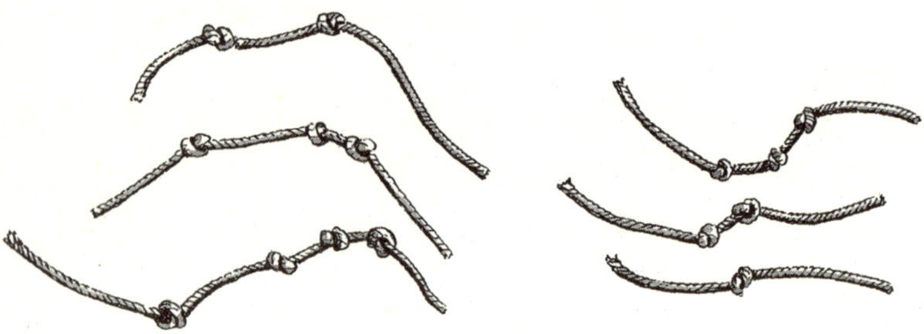

Fes un, dos o tres nusos seguits, deixa un espai i torna a fer nusos.

1 nus = a la una
2 nusos = a les dues
3 nusos = a les tres
4 nusos = missatge a la bústia
5 nusos = compte, algú ens vigila
6 nusos = fes com si no ens coneguéssim

Què és l'escriptura de nusos?

T'arriba un cordill llarg amb molts nusos. Com desxifraràs el missatge? Com l'han fet?

Necessites:
Un tros de cartolina i un cordill llarg i prim. Damunt de la cartolina hi escrius l'alfabet. Deixa entre les lletres almenys un centímetre de distància.

S'escriu així:
En un extrem del cordill fes-hi un nus doble. Situa el nus a la vora esquerra de la cartolina i estira el cordill fins a la primera lletra del teu missatge.
Si el missatge diu: «EL CULPABLE ÉS UN TEO», fes un segon nus exactament allà on hi ha la lletra «E». Després posa aquest nus que acabes de fer a la vora esquerra de la cartolina i estira el cordill fins a la «L». Allà mateix és on ha d'anar el nus següent. Torna a posar aquest nus a la vora esquerra de la cartolina i fes el nus corresponent a la «C».
Quan acabis «d'escriure» el missatge, cargola bé el cordill perquè quan l'enviïs o el passis, no s'emboliqui.

Com es fa la tinta invisible?

Tinta de llimona

Passa el suc d'una llimona per un filtre de paper. Després fes-lo servir de tinta, amb una ploma o un bastonet esmolat.
Per fer visible aquesta tinta, s'ha de planxar el missatge amb compte o s'ha d'escalfar passant-lo per damunt d'alguna cosa calenta. Les lletres hi apareixen de color marró.

Tinta de ceba

Frega una ceba en un ratllador de cuina, passa la pasta que te'n surti per un colador ben fi i premla amb una cullera.
Amb aquesta «tinta» ja pots escriure.
Per llegir el missatge, escalfa el full de paper, on sortiran les lletres de color negre. A la Penya dels Tigres no els agrada gaire aquesta tinta perquè mentre la preparen els ploren els ulls.

Tinta de vinagre

Et cal vinagre blanc, sense cap colorant. Aquesta tinta també es fa visible amb l'escalfor.

Què és l'escriptura d'aigua?

Aquesta escriptura secreta funciona sense que calgui una tinta especial. Només necessites dos fulls de paper blanc, el vidre d'una finestra o un mirall, aigua i un llapis tou.

Submergeix en aigua un full de paper i treu-lo amb molt de compte. Després posa'l damunt del vidre d'una finestra o d'un mirall i estira'l bé.

Un cop fet això, posa-hi el full sec al damunt. Aquest full és on escriuràs el missatge amb el llapis tou.

Separa el full sec on hi ha escrit el missatge i destrueix-lo. Fes-lo bocins i llença'l a diferents papereres.

Deixa assecar el paper mullat i ja està preparat el missatge.

Al full en blanc sembla que no hi hagi res escrit. Per camuflar-lo millor, pots escriure alguna cosa als llocs on no hi hagi l'escriptura d'aigua. Per llegir el text, el receptor del missatge només l'ha de tornar a submergir en aigua.

Com s'escriuen missatges secrets quan no es té tinta invisible?

Mètode 1:

En lloc de la tinta invisible pots utilitzar saliva, i per escriure, un llumí de fusta a què hagis fet punta. Vés mullant-ne la punta i escriu el missatge. No premis gaire el llumí contra el paper, perquè es veurien les lletres. Posa el missatge a contrallum per saber per on vas. Quan la saliva s'asseca, les lletres desapareixen.

Per llegir el missatge, la persona a qui l'hagis enviat haurà de passar-hi, amb molt de compte, un pinzell tou sucat amb tinta aigualida.

Mètode 2:

També pots fer servir les restes d'una poma. Clava el bastonet a la poma i escriu amb el suc. Deixa que el missatge s'assequi bé.

Qui el rebi l'haurà de ficar al forn. Llavors les lletres agafaran un to marró. Atenció: No es pot deixar de vigilar la nota, ni un moment, mentre sigui al forn!

Com se sap amb quina tinta invisible han escrit un missatge?

Fes el següent i en aquest mateix ordre:
Escalfa el missatge passant-lo per damunt d'un objecte calent o ficant-lo al forn.
Si no s'hi llegeix res, passa-hi un pinzell sucat amb tinta aigualida, per si el missatge l'han escrit amb saliva.
Si això tampoc no funciona, submergeix-lo en aigua. S'ha de tractar per força d'un missatge d'aigua.

Què s'ha de fer perquè un missatge invisible no es descobreixi?

Escriu una carta d'allò més normal que no cridi gens l'atenció. Entre les línies de la carta, després hi escriuràs el missatge secret. Posa't d'acord amb la persona que l'ha de rebre pel que fa als senyals: Si a la data l'1 està escrit amb un traç més gruixut, voldrà dir *«tinta invisible número 1»*, que és el vinagre i que es fa visible amb escalfor. Un 2 escrit més gruixut voldrà dir *«tinta número 2»*, la saliva.

Per què en Lluc sempre desenganxa els segells de les cartes?

Perquè, de vegades, els missatges hi són amagats a sota.

El truc:

Amb lletres ben petites, escrius un missatge al lloc del sobre on anirà el segell. La millor manera de fer-ho és amb bolígraf o llapis. Enganxa-hi després el segell al damunt. Al sobre hi fiques una carta inofensiva.
Qui rebi el missatge sap que ha d'humitejar el sobre. Així es desenganxarà el segell i apareixerà l'autèntic missatge.

Què és un missatge d'agulla?

Agafa un diari i obre'l per una pàgina qualsevol. A sota de cada lletra que necessitis per al teu missatge, fes-hi un foradet punxant el full amb una agulla.
La persona que rebi el missatge ha de posar el full a contrallum i veure quines lletres són importants.

Què és un missatge plegat?

Plega un full de paper d'aquesta manera:

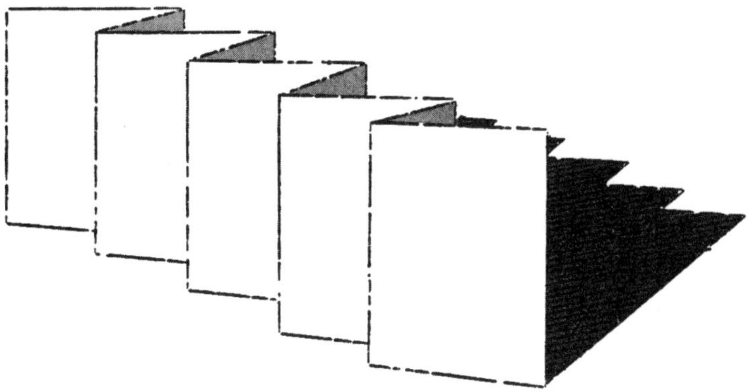

Escriu un fragment de missatge a la vora del primer plec, de manera que cada lletra quedi partida pel mig, un tros damunt del plec i un tros al paper de sota. Fes el mateix amb el segon plec.

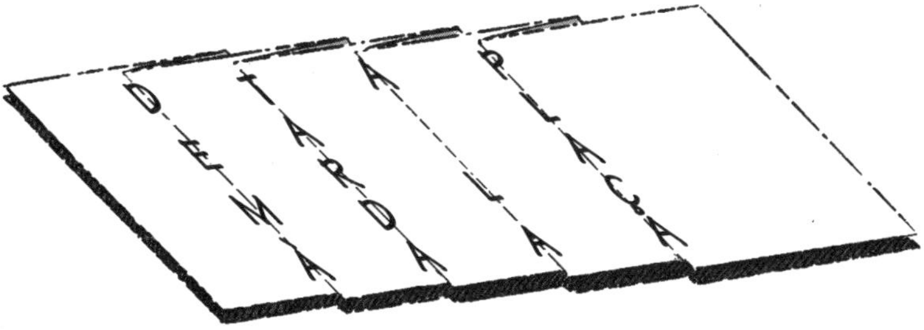

Quan acabis, desplega el paper i aplana'l, per exemple humitejant-lo una mica i posant-lo a sota d'un llibre molt gros. Així desapareixeran els rastres dels plecs.

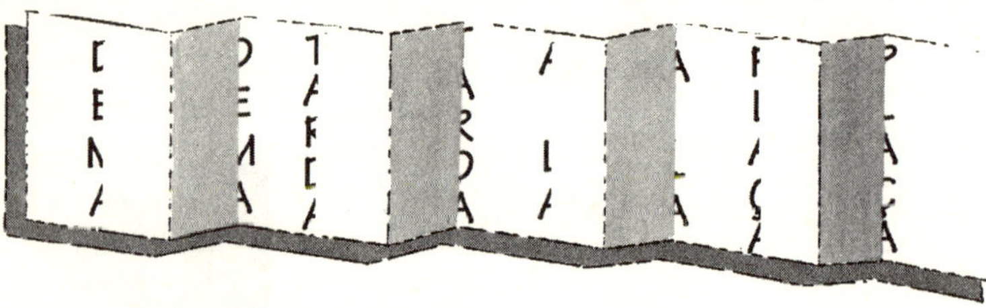

Al full només hi haurà tot de ratlles estranyes. Qui rebi el missatge haurà de tornar-lo a plegar per llegir-lo.

Què són els signes del faraó?

Aquesta escriptura és útil per deixar missatges secrets en qualsevol objecte, tant a l'interior com a fora. Si dibuixes uns signes amb guix damunt d'una pedra grossa, qualsevol persona que no en conegui el significat somriurà quan ho vegi. Però els teus amics detectius l'interpretaran. Vet aquí uns quants símbols que et poden ser útils. Si te'n falten, inventa-te'n més.

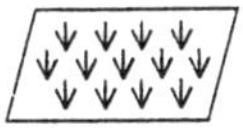
Prat

Bosc

Muntanyes

Llac

Punt de trobada

Carretera

Cova

Set

Ull

Enemic

Parlar

Gana
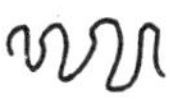
Rierol

Riu

Menjar

Matí

Migdia

Tarda

Vespre
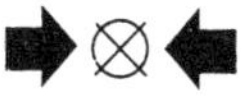
Trobada

Perill

Foc de camp

Escoltar

A prop
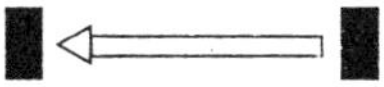
Lluny

Amagar

Què són els signes dels captaires?

Amb aquests signes, els pobres d'abans indicaven a altres pobres si en una casa o en una granja s'obtenia alguna cosa.

Com es poden xifrar amb rapidesa missatges curts?

Suposem que vols dir als teus amics de la Penya que teniu una reunió a la una. Escriu el missatge de la manera següent:

T	R	O	B	A
D	A	P	E	N
Y	A	T	I	G
R	E	S	A	L
A	U	N	A	*

Per xifrar el text les línies verticals s'escriuen horitzontals.

A	N	G	L	*
B	E	I	A	A
O	P	T	S	N
R	A	A	E	U
T	D	Y	R	A

T	R	O	B	A
D	A	P	E	N
Y	A	T	I	G
R	E	S	A	L
A	U	N	A	*

Els membres de la Penya dels Tigres tornen a col·locar bé les columnes i llegeixen el missatge.

Què és el llibre de codis de la Penya dels Tigres?

Fes-te una llista de paraules útils (*tu*, *jo*, *avui*, *demà*, *secret*, *reunió*, etc.) en una columna i, en una altra columna, a la dreta de la primera, posa-hi paraules inexistents. Per escriure el missatge, agafa les paraules de la dreta que són al costat de les que de debò vols dir. El teu corresponsal ha de tenir també les llistes en columnes per recuperar el missatge.

Com és el descodificador especial de la Penya dels Tigres?

En un dels seus casos, en Pau, en Lluc i la Virgi van fer servir un descodificador de finestres.
Es posa el descodificador damunt d'unes columnes de lletres i, a través de les finestres, es llegeix un missatge.
Després de llegir el que hi diu, el descodificador s'ha de girar cap a la dreta. Aquí tens una mostra de descodificador de finestres. Fes-te'n una còpia de cartolina.
Atenció! Has de diferenciar la cara del davant i la del darrere.

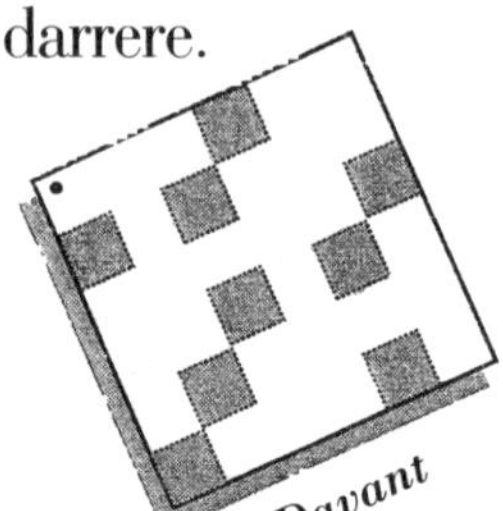

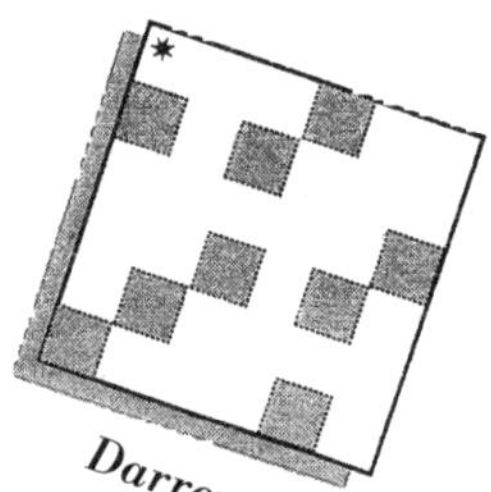

Fes un punt a la cantonada de dalt a l'esquerra de la cara del davant i una estrella a la cantonada de dalt a l'esquerra de la cara del darrere. Per escriure o desxifrar un missatge es procedeix de la manera següent: Col·loca el descodificador amb la cara del davant amunt i comprova que el punt és al seu lloc.

1

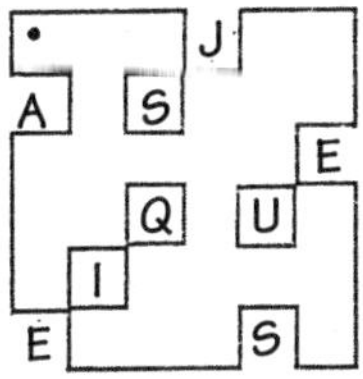

2

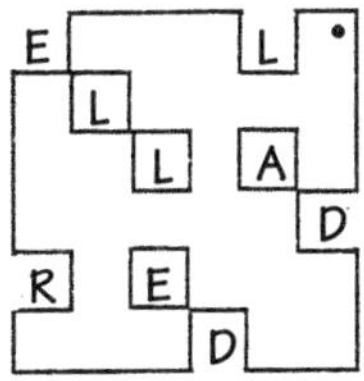

3

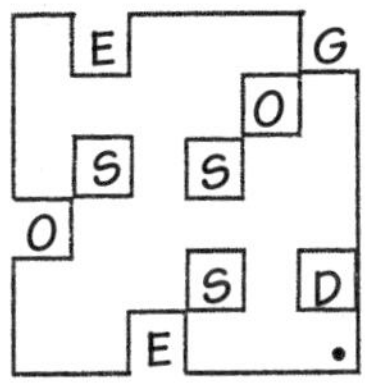

4

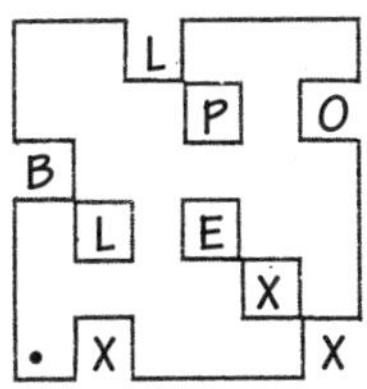

5

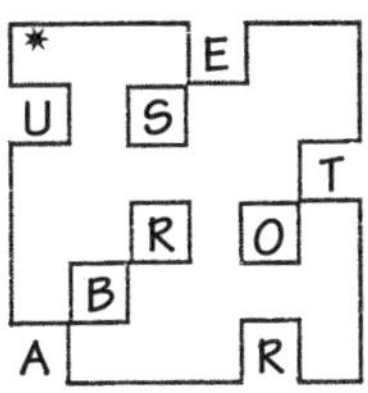

6

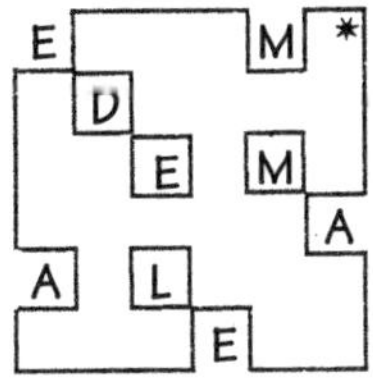

7

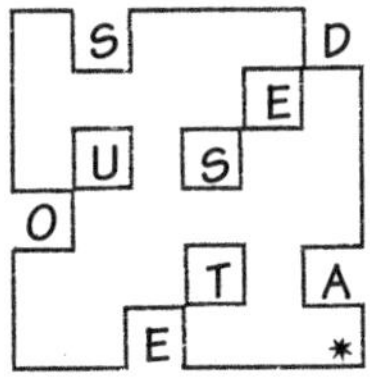

8

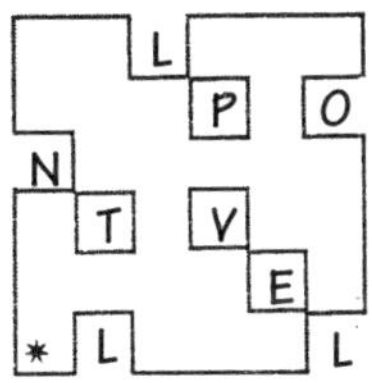

•	E	E	L	J	L	G
	A	L	S	P	O	O
	B	S	L	S	A	E
	O	L	Q	E	U	D
	R	I	E	S	X	D
	E	X	E	D	S	X

*	E	S	L	E	M	D
	N	S	D	P	E	O
	N	U	E	S	M	T
	O	T	R	V	O	A
	A	B	L	T	E	A
	A	L	E	E	R	L

Escriu el missatge a les caselles foradades. Quan arribis a la darrera casella, fes girar el descodificador cap a la dreta.
Pots continuar escrivint fins que tornis a arribar a baix.
Tomba el descodificador i fes el mateix per l'altra cara, començant amb l'estrella a l'angle de dalt a l'esquerra.

Important:
Omple totes les caselles encara que al final només escriguis ximpleries. El bloc de lletres ha de quedar ple.

Què és una targeta d'escriptura secreta?

A en Pau, a en Lluc i a la Virgi els agrada utilitzar aquesta targeta. Per ferla, et cal un tros de cartolina amb dos tallets, un a l'esquerra i un a la dreta.

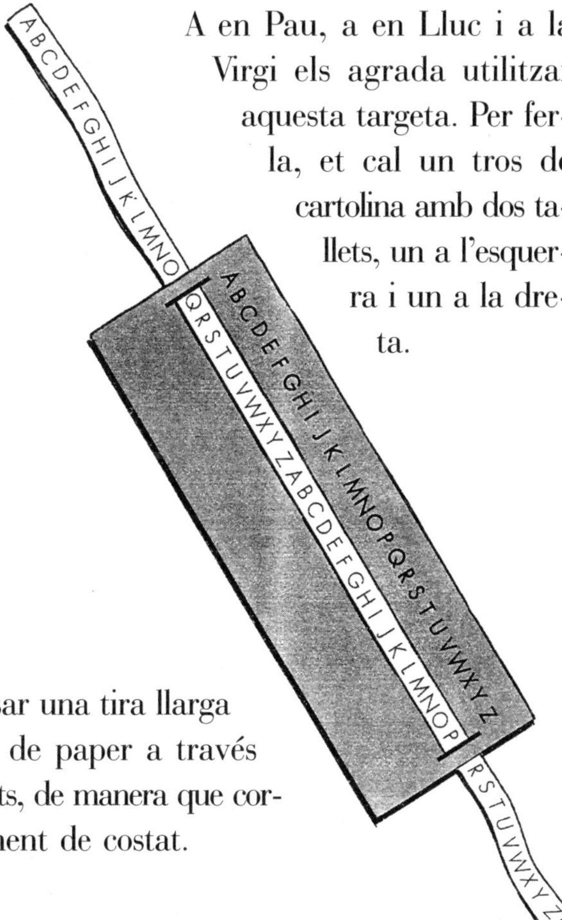

Fer passar una tira llarga i prima de paper a través dels forats, de manera que corri fàcilment de costat.

Escriu l'alfabet horitzontalment al tros de cartolina. A la tira de paper també hi posaràs l'alfabet, però dues vegades seguides.
Tria la distància entre les lletres que vulguis, tant a la targeta com a la tira, però sempre ha de ser la mateixa.
Les lletres de la targeta són les del teu missatge. A la tira de paper hi ha les lletres del codi.

Exemple:
Passa la cinta de manera que la lletra «L» quedi a sota la lletra «A». Així, la «B» serà la «M», la «C» serà la «N», la «D» serà la «O», etc. L'alfabet estarà tot corregut. Pots escriure un missatge amb aquestes lletres «traslladades». Perquè el receptor sàpiga quin codi has utilitzat, fes un puntet sota la lletra que has fet servir de patró, és a dir, la que has posat sota la «A». En aquest cas, seria sota la «L».

Què és un missatge de ziga-zaga?

Pots reconèixer un missatge en aquesta nota? Oi que no?

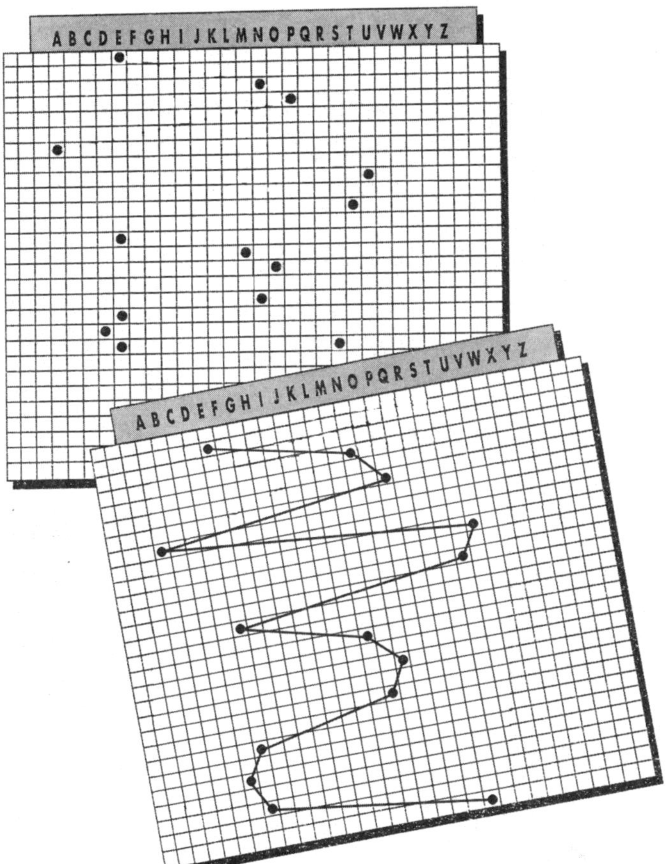

El truc:
Tant qui escriu el missatge com qui el rep necessiten la mateixa plantilla per a l'escriptura. Es tracta d'un tros de cartolina que té l'alfabet a la part superior.

Important:
Quan escriguis l'alfabet posa un tros de paper quadriculat sota la cartolina, de manera que cada lletra quedi damunt d'un quadrat.

Així escriuràs el missatge:
Faràs un punt a la quadrícula de sota de cada lletra del teu missatge i avançaràs de línia en línia.
Quan hagis acabat, uniràs tots els punts i apareixerà una estranya línia que fa ziga-zagues.
Envia aquest missatge, lògicament sense l'alfabet de la part de dalt.
Qui el rebi el col·locarà damunt de la seva plantilla i el desxifrarà.

Truc especial de la Penya dels Tigres:

En Pau, en Lluc i la Virgi sovint posen els punts de manera desordenada, és a dir, no els posen a la línia següent sinó que salten línies.
Naturalment llavors has d'unir de seguida punt per punt amb una línia per no fer-te un embolic tu mateix.

El missatge té un aspecte com aquest:

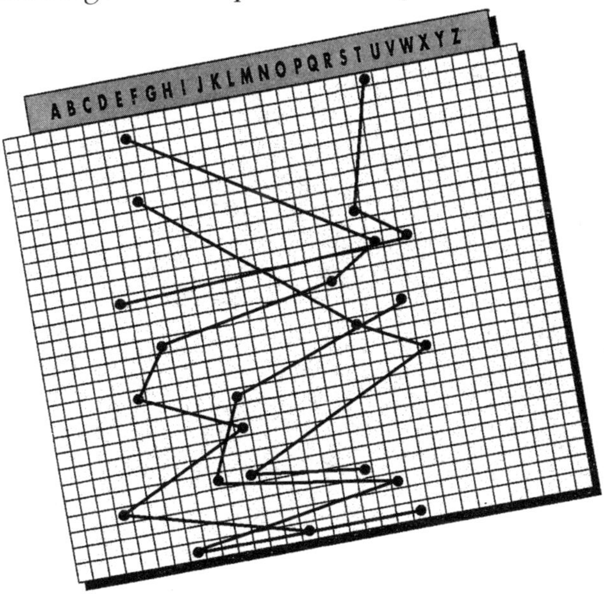

Qui rebi el missatge, però, ha de seguir exactament les línies!

Què és un rotlle d'escriptura secreta?

Un invent fantàstic que tu mateix et pots construir. Només necessites un rotlle de cartró i paper.

Retalla tires de paper que siguin una mica més llargues que el diàmetre del cilindre.

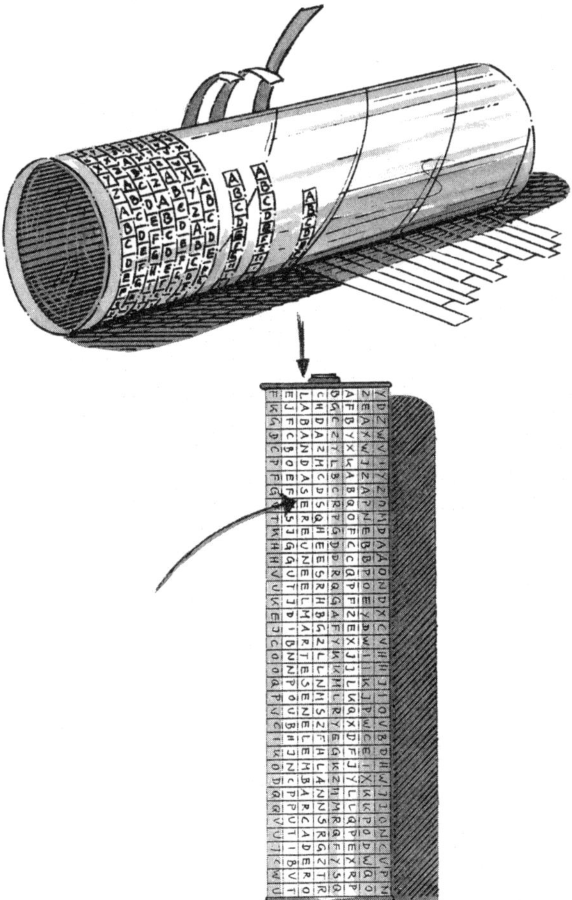

Cada tira ha de dividir-se en vint-i-sis caselles. Les caselles han de ser de la mateixa mida a totes les tires. A cada casella hi va una lletra de l'alfabet, seguint l'ordre correcte.
Enrotlla les tires al voltant del cilindre i enganxa l'extrem i la punta de cadascuna, de manera que quedin com una anella. Les anelles no han de quedar gaire estretes, ni gaire fluixes, perquè les puguis fer girar amb facilitat. Com més anelles tinguis, l'una al costat de l'altra, millor.

Com s'escriu el missatge:

Col·loca les lletres del teu rotlle de manera que s'hi llegeixi el missatge. En un paper a part, hi copies les lletres que es veuen tres caselles més amunt de les del missatge. Al teu corresponsal li envies les lletres que has copiat. Ell ha de tenir també un cilindre i ha de saber quantes caselles de diferència hi ha entre el missatge real i el fals. Quan rebi el missatge, buscarà el seu cilindre, hi posarà les lletres en l'ordre que diu al paper i llegirà tres línies més avall.

Què és l'escriptura Braille?

És una escriptura que es llegeix amb els dits. Cada lletra està formada per punts que es graven amb un punxó al paper des de darrere, de manera que al davant els punts sobresurten com petits bonys. La gent que no hi veu acostuma a llegir aquesta escriptura, passant-hi la punta dels dits.
Es diu Braille perquè ho va inventar un educador francès que es deia així.

NÚMEROS

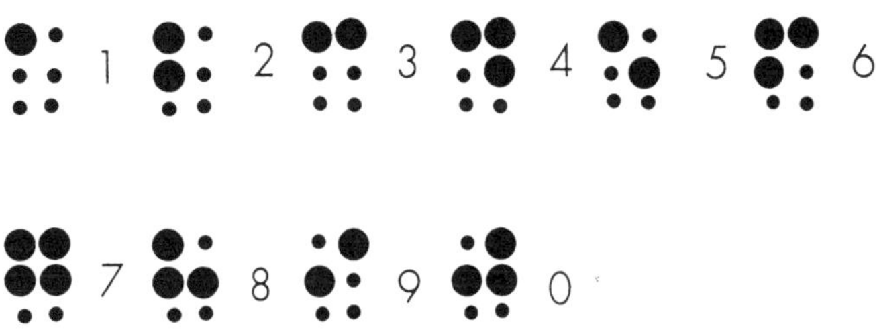

ALFABET

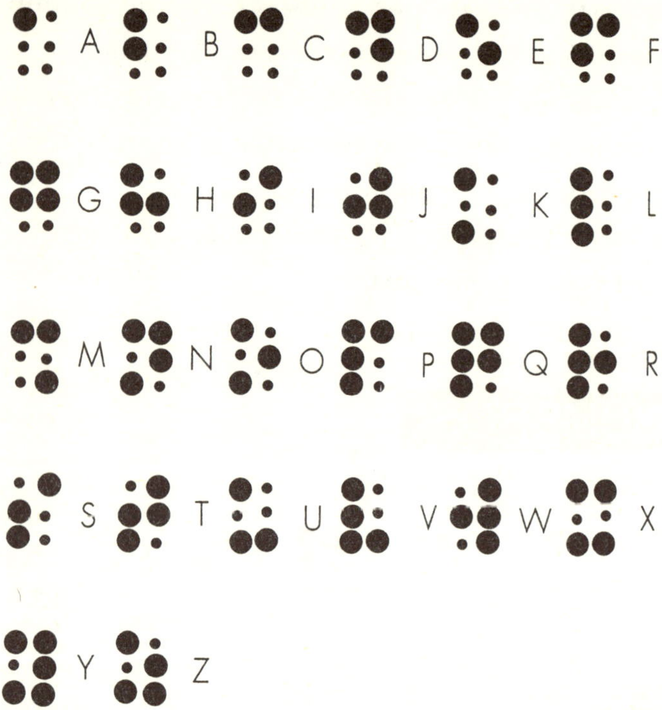

Què és l'escriptura víking?

Els víkings gravaven els missatges a la roca. Per això la seva escriptura només estava formada per línies rectes.

No coneixem totes les lletres, però tot i així, es pot escriure força bé amb l'alfabet víking.

Com es desxifra aquesta carta codificada?

Necessites dos llibres absolutament iguals: és a dir, dos llibres que tinguin el mateix títol i que siguin de la mateixa edició.
Si vols enviar un missatge als teus companys detectius, agafa un full de paper de carta molt fi i retalla'l perquè tingui la mateixa mida que els fulls del llibre. Posa el paper, per exemple, a la pàgina 37, i encercla cada una de les lletres que necessites per a les paraules del missatge.

Perquè el teu company pugui col·locar bé el paper en la seva pàgina, marca-li les lletres primera i última de la pàgina del llibre. Per acabar, escriu 37 en una cantonada del paper i envia'l al teu company. Ell sabrà de seguida que ha d'obrir el seu exemplar del llibre per la pàgina 37. Posarà la carta xifrada sobre aquesta pàgina i llegirà el missatge seguint l'ordre dels cercles que hi has marcat.

Què és un missatge secret de papallona?

Aquest truc magnífic l'utilitzava un agent secret fa molts anys. Es posava un bigoti postís i es feia passar per un estudiós de les papallones. Així observava de prop les fortaleses de l'enemic sense aixecar sospites. Per comunicar els seus descobriments pintava papallones i, com si es tractés del dibuix de les ales, hi dibuixava els plànols de les fortaleses.

Què és una catifa xifrada?

Un truc antic. Una agent que havia caigut presonera va demanar llana als seus vigilants perquè volia fer una catifa. En realitat va teixir un missatge secret. Els colors eren un codi xifrat i explicaven la forta vigilància que hi havia a la presó i quin era el millor moment per assaltar-la.
L'agent va aconseguir que la catifa sortís del recinte de la presó perquè els seus còmplices, interpretant-la, l'alliberessin.

Què és un missatge a la calba?

Fa 2500 anys un oficial de l'exèrcit va fer afaitar el cap a un esclau seu. Llavors li va escriure un missatge a la calba. Quan li van tornar a créixer els cabells, va enviar l'esclau a entregar el missatge. L'esclau va travessar les línies enemigues sense que li trobessin el missatge que duia.
Quan l'esclau va arribar al seu objectiu li van tornar a afaitar el cap per llegir el missatge.

Com s'entrega un missatge secret sense que ningú se n'adoni?

El truc del xiclet

Desembolica un xiclet amb cura, posa-hi el missatge a dins i torna'l a embolicar. Ara el fals xiclet és al paquet i només l'has d'oferir al teu contacte. Tothom es pensarà que agafa un xiclet. En realitat rep el missatge.

El truc de deixar caure alguna cosa

Et trobes amb el teu contacte i deixes caure a terra un llibre o un diari.
La persona s'ajup amb rapidesa, hi introdueix el missatge i et torna el llibre.

El truc del llibre

Agafes un llibre de la biblioteca i el tornes al cap d'una setmana. Amagat entre les pàgines hi hauràs deixat el missatge.
El teu company passarà més tard per la biblioteca i demanarà el mateix llibre. L'agafarà i d'aquesta manera recollirà el missatge.

Tauler d'anuncis

Sovint, als supermercats hi ha taulers d'anuncis on pots deixar missatges –xifrats, però– per als teus amics detectius.

Bústia en arbres buits

Fica el missatge al forat d'un arbre.

Bústia paperera

Deixa el missatge en una paperera del parc, dins d'una bosseta identificada per tots dos.
Assegura't que el servei de neteja no passarà abans que la persona que ha de recollir el missatge.

Un cas per a tu

...i la Penya dels Tigres

L'escenari dels fets

Què pots esbrinar sobre aquest lloc?

1) Som al matí o a tarda?

[redacted]

2) Per quina finestra han entrat?

[redacted]

3) Per on ha sortit de la casa, el lladre?

[redacted]

4) Hi havia algú a casa?

[redacted]

5) Hi ha algú que té la clau de la casa i hi passa gairebé cada dia?

[redacted]

6) Es pretenia que la casa semblés habitada?

[redacted]

Llenguatges secrets

Què és el llenguatge de gratar-se?

Quan et grates comuniques alguna cosa als teus amics.

- *Gratar-se la cella* = Atenció, fixeu-vos-hi!
- *Gratar-se el llavi* = No diguis res!
- *Gratar-se la barbeta* = De pressa, ens trobarem a l'amagatall secret
- *Gratar-se el cap* = Aquí hi ha alguna cosa que no rutlla
- *Gratar-se el nas* = M'ensumo alguna cosa. Seguiu-me!
- *Gratar-se a sota de l'ull* = El missatge secret ja és a l'amagatall

Què és el llenguatge maia de la Penya dels Tigres?

Es creu que fa més de mil anys, els maies utilitzaven un llenguatge mut.
Amb els signes que trobaràs dibuixats aquí, també et pots comunicar amb els teus amics.

Les frases es construeixen de la manera següent:

Et vull preguntar una cosa = ***Tu pregunta***

Tens dotze anys? = ***Tu dotze hiverns?***

No, això és fals. Tinc tretze anys = ***No, mentida. Jo tretze hiverns***

Digues, vols que quedem aquest vespre? = ***Tu pregunta, tu trobar-te amb nosaltres a la posta del sol?***

No, em trobaré amb vosaltres a la nit = ***No, trobar vosaltres nit***

estimar

exacte

amb nosaltres

jo

amics

mentida

tu

posta de sol

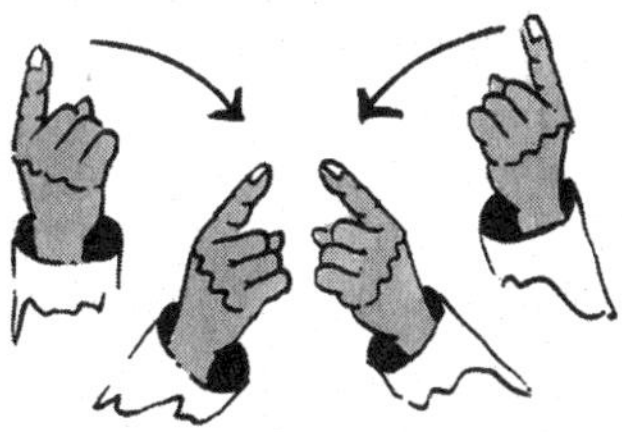

trobar-se

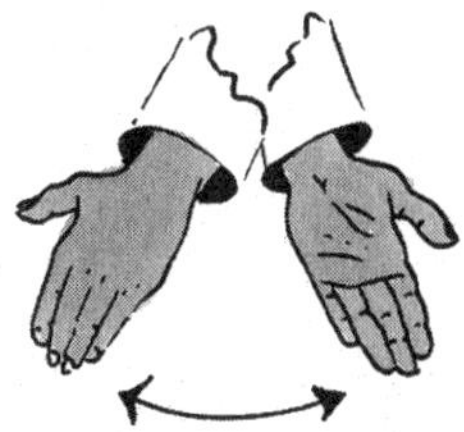

no

2

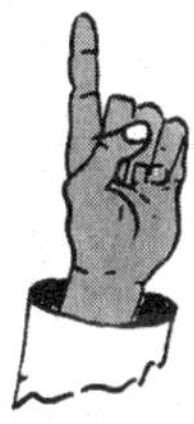

1

3

molts

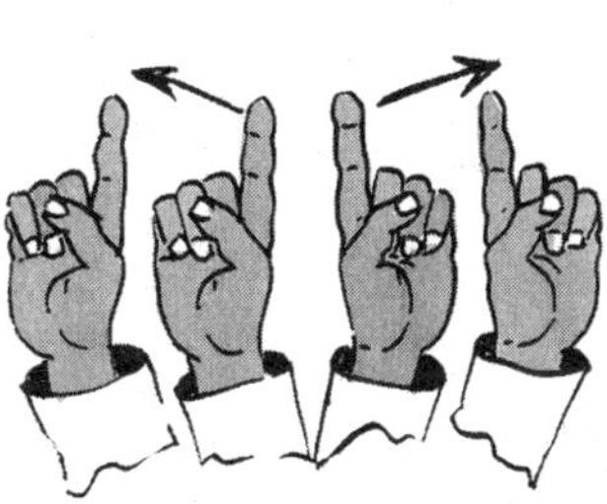

persones

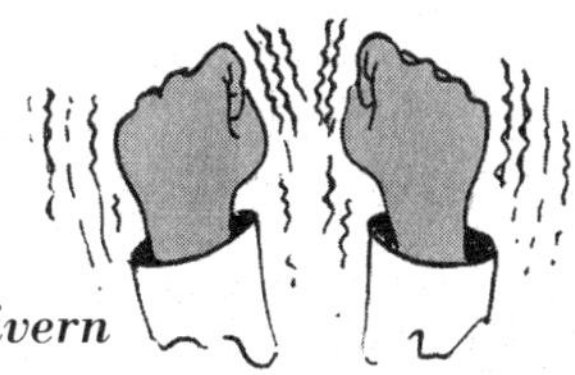

hivern

Què és el llenguatge de les banderes?

Cada lletra es representa amb banderes i és visible a gran distància.

Quin és el codi de banderes?

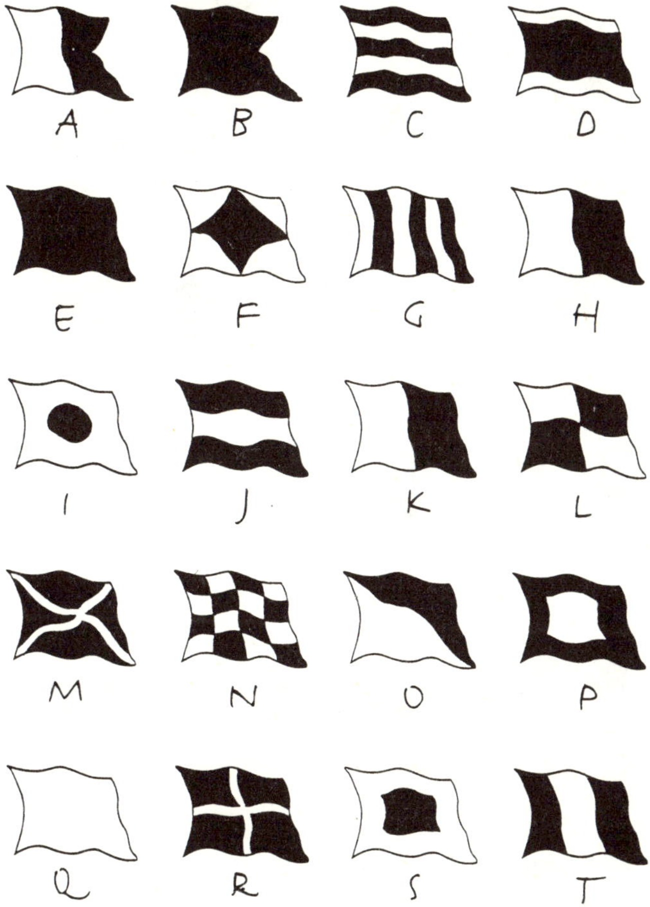

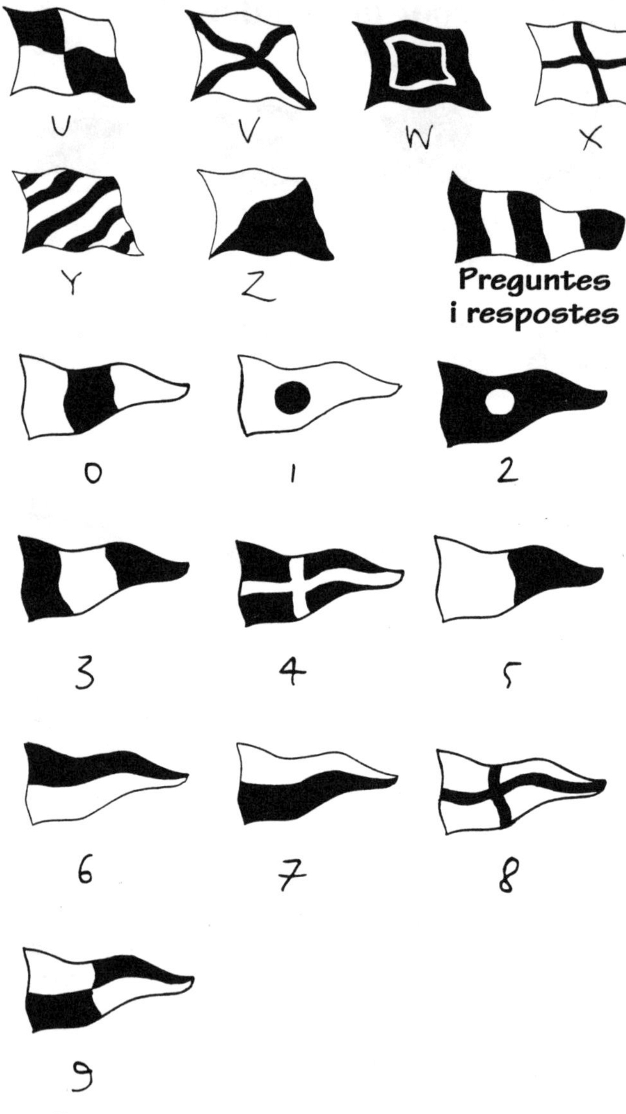
U
V
W
X
Y
Z
Preguntes i respostes
0
1
2
3
4
5
6
7
8
9

Com funciona el codi de banderes?

Cada lletra es representa amb una bandera determinada. Pots hissar diferents banderes en un vaixell i juntes formaran un missatge.

Per exemple:

Ajuda

SOS

Com funciona el llenguatge de targetes de la Penya dels Tigres?

En Pau i la Virgi viuen l'un al davant de l'altra. Quan en Pau mira per la finestra veu l'habitació de la Virgi.
Per comunicar-se sense haver de telefonar s'han fet lletres en unes targetes de cartolina. I són prou grosses perquè es distingeixin a molta distància.
Es tracta d'ensenyar una lletra darrere l'altra fins a completar el missatge.

L
A
P
E
N
Y
A
D
E

Quins senyals fan els pilots que s'han estavellat?

- ***Dues «L» grosses*** = Tot va bé
- ***Un quadrat obert*** = L'avió està espatllat
- ***Un quadrat*** = Llanceu-nos un mapa i una brúixola, ja trobarem el camí
- ***Un triangle*** = Es pot aterrar
- ***Una «X» grossa*** = No aterreu
- ***Línia recta cap avall*** = Necessitem un metge
- ***Una «F» o una «E» grossa*** = Necessitem assistència
- ***Una «N»*** = No
- ***Una «Y»*** = Sí (de la paraula anglesa *yes*)
- ***Una fletxa*** = Caminem en aquesta direcció
- ***Fletxes en quatre direccions*** = Intent d'envolar-se

Si un avió s'estavella, la majoria de vegades la torre de control d'algun aeroport ho detecta. Immediatament s'hi envien avions de rescat.

Si el pilot està en bones condicions físiques, fa senyals als equips de rescat.

Encén una foguera que faci una gran fumera perquè la columna de fum es vegi des de molt lluny. O bé dibuixa a terra amb pedres els signes que indiquen què passa.

Com funciona el llenguatge dels dits que fan servir els submarinistes?

Els submarinistes s'han de poder comunicar també sota l'aigua.

Ho fan amb les mans i amb signes molt clars, perquè no hi hagi malentesos.

Els signes més importants d'aquest llenguatge també són molt útils als detectius.

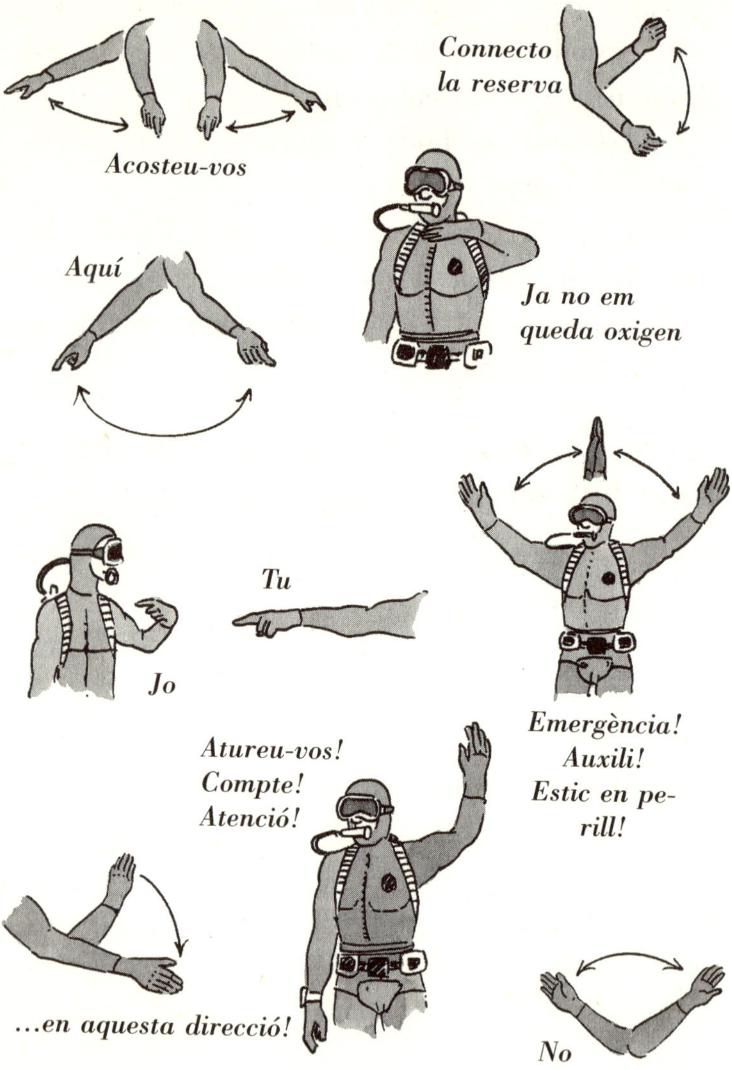
Acosteu-vos
Connecto la reserva
Aquí
Ja no em queda oxigen
Tu
Jo
Emergència! Auxili! Estic en perill!
Atureu-vos! Compte! Atenció!
...en aquesta direcció!
No

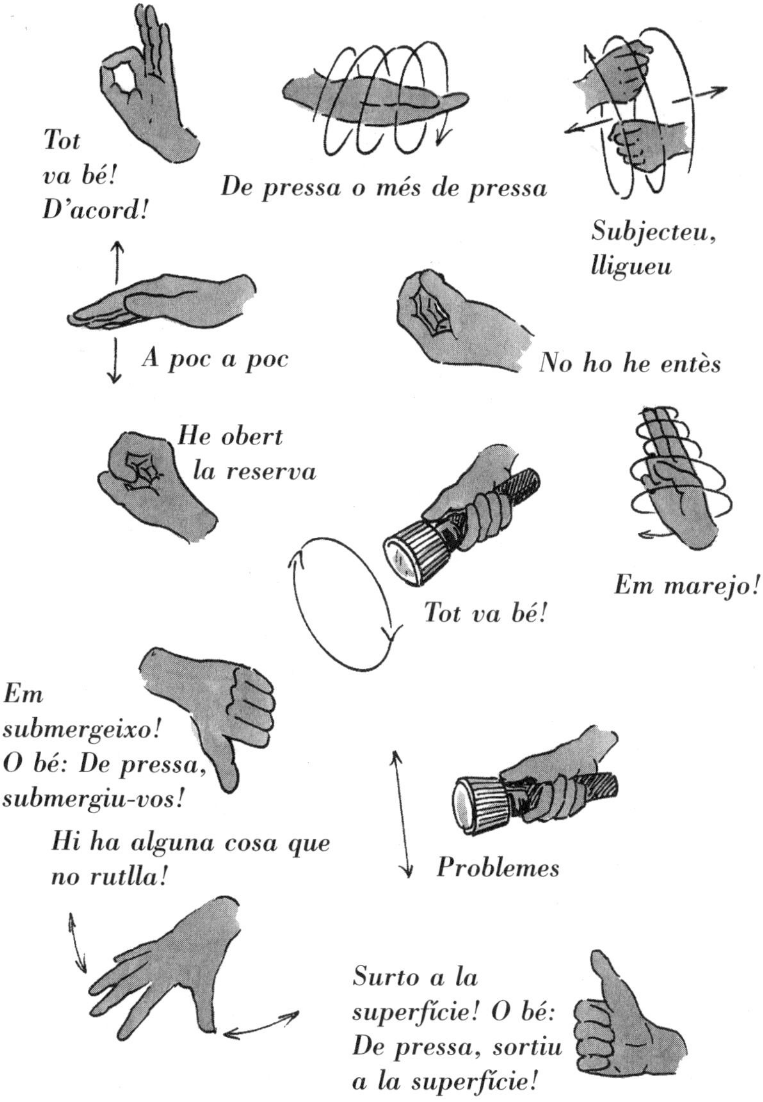
Tot va bé! D'acord!
De pressa o més de pressa
Subjecteu, lligueu
A poc a poc
No ho he entès
He obert la reserva
Em marejo!
Tot va bé!
Em submergeixo! O bé: De pressa, submergiu-vos!
Problemes
Hi ha alguna cosa que no rutlla!
Surto a la superfície! O bé: De pressa, sortiu a la superfície!

Què són els senyals Morse?

Cada lletra està formada per punts i ratlles, senyals acústics o lluminosos curts o llargs.
Els senyals en Morse els pots fer colpejant alguna cosa, encenent i apagant una llanterna o fins i tot cantant. Aquest és l'alfabet Morse:

L'alfabet dels pilots

A = Alfa
B = Bravo
C = Charlie
D = Delta
E = Eco
F = Foxtrott (un ball)
G = Golf
H = Hotel
I = India
J = Juliett
K = Kilo
L = Lima (una ciutat)
M = Mike
N = November
O = Oscar
P = Papa
Q = Quebec (una ciutat)
R = Romeo
S = Sierra
T = Tango (un ball)
U = Uniforme
V = Victor
W = Whiskey
X = X-Ray (raigs X)
Y = Yankee
Z = Zulu

El llenguatge secret dels pilots

De fet, no es tracta d'un llenguatge secret sinó de l'alfabet dels pilots.
Arreu del món, els pilots i el personal de vol lletregen amb les mateixes paraules perquè no hi hagi malentesos.

«Penya dels Tigres» es lletreja de la manera següent:

Papa-Eco-November-Yankee-Alfa
Delta-Eco-Lima-Sierra
Tango-India-Golf-Romeo-Eco-Sierra

Si es lletregen les paraules de pressa utilitzant aquest sistema, s'ha d'escoltar amb molta atenció per entendre què diuen.
Per tant, és pràctic com a llenguatge secret.

El llenguatge de cops de la Penya dels Tigres

. = curt

.– = llarg

.. = sí

... = no

...–. = perill

..–.. = gran perill

..–... = perill màxim

.–. = no t'acostis!

.–.. = acosta't!

Amb els teus amics detectius pots inventar altres senyals com aquests, per comunicar-vos coses importants.

Perquè la comunicació funcioni, tots vosaltres heu de dominar bé els signes.

El llenguatge especial de la Penya dels Tigres

La majoria dels llenguatges secrets són complicats i difícils de recordar. A més, sovint resulten molt xocants per a la resta de les persones.
Per això la Penya dels Tigres fa servir frases normals i corrents com a llenguatge secret, que utilitzen sense que ningú ho noti.

He de dur el rellotge a arreglar. Sempre se m'atura a les quatre = Ens trobarem avui a les quatre.

Lluc, avui he vist la teva tieta Lluïsa. Et troba a faltar. Fes-li un truc = A l'amagatall secret número 1 del parc hi ha un missatge.

Em sembla que hauré de dur ulleres = Compte, algú ens vigila.

M'ha tornat a entrar aigua a les orelles. Em passa sempre que vaig a nedar = Compte, algú ens escolta.

Un cas per a tu

...i la Penya dels Tigres

Saps observar bé?

Fixa't bé en aquestes dues persones i procura recordar-ne tants detalls com puguis.

Fes el test d'observació sense mirar el dibuix.

Test d'observació

Fes servir el descodificador per saber si has encertat la resposta.

1) Porten botes?

2) Tenen la mateixa edat?

3) Qui és més gran?

4) Què porta l'home al cistell?

5) Què porta la dona a la bossa?

6) Quin dels dos porta barret?

7) Què crida l'atenció del barret?

8) Qui porta ulleres?

9) Què porta l'home a la butxaca de l'abric?

Amagatalls secrets

La sopera

Has observat mai què passa quan la sopa es refreda? Si és prou greixosa, a la superfície s'hi fa una capa de greix que és un bon amagatall. Mentre la sopa és calenta s'hi amaguen diamants, per exemple. Quan la sopa es refreda es forma la capa de greix que tapa les joies.
Qui sospitaria que hi ha un tresor a la sopera? I encara que la destapés algú, no hi veuria res.

El doble fons

Un doble fons te'l pots construir a qualsevol cartera. Retalla un tros de cartró de la mateixa mida del fons de la cartera. Hauria de ser fins i tot un pèl més gran, perquè hi encaixés bé. A sota d'aquest segon fons pots amagar-hi papers amb anotacions secretes. És important que la cartera no estigui mai buida perquè llavors és fàcil descobrir el doble fons.

El marc de fotografia

Gairebé tots els marcs de fotografies tenen un plafó al darrere que es treu i es posa. L'espai que queda entre la fotografia i el plafó és un bon amagatall.

El coll alt

Cargola't un missatge dins el coll alt del jersei i treu-te'l sense que es noti.

La sola de la sabata

Portes plantilles?
Sí? Perfecte!
No? Cap problema, fes-te'n unes de roba gruixuda o de cuir. Fica-les a la sabata i amaga-hi a sota els plànols secrets.

El calaix

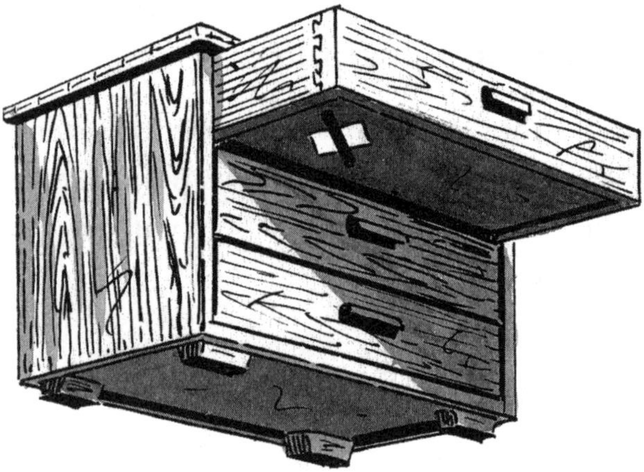

Treu del tot un calaix de l'armari o de l'escriptori. A gairebé tots els calaixos el fons queda una mica més aixecat que la part inferior dels costats. I hi pots enganxar coses que, en obrir el calaix, no es veuen ja que hi són a sota. És una manera fantàstica de passar informació.

L'espelma

Agafa una espelma i, amb compte, talla'n els extrems superior i inferior amb un ganivet. Ara fes amb paper una nova «espelma» que per dins sigui buida. A dins hi pots amagar coses i tapar després l'amagatall amb els extrems de l'espelma. Per demostrar que es tracta d'una espelma autèntica, la pots encendre. Però, compte! La flama no ha d'arribar al paper.

Truc de la Penya dels Tigres: submergeix l'espelma de paper en cera líquida perquè tingui una capa de cera.

La palmatòria

Algunes palmatòries són buides per dintre. Perquè no ratllin la taula, l'obertura de sota està tapada amb un tros de feltre. Si amb compte desenganxes una mica aquest feltre pots amagar-hi alguna cosa a l'interior. Atenció, el que hi amaguis ha de quedar subjectat perquè no faci soroll.

El llibre

Necessites un llibre molt vell i gros que estiguis segur que mai més no voldràs llegir. Deixa unes trenta pàgines, tant al davant com al darrere. A la resta de les pàgines, les del mig, hi retallaràs un quadrat o un rectangle.
El més pràctic és fer servir un cúter, però hi has d'anar amb molt de compte.
D'aquesta manera hauràs creat un espai secret on podràs amagar coses. El llibre, al prestatge, no cridarà gens l'atenció i ningú no s'imaginarà de què es tracta en realitat.

Les eines de jardí

Algunes eines de jardí tenen un mànec o una nansa buida. Els pots desmuntar i amagar-hi coses a dins.

La perruca

És un truc habitual entre els agents secrets. S'amaga el missatge secret, el microfilm o el document en una perruca. Com més autèntica sembli millor. Perquè si no es nota gens que és una perruca, ningú no sospitarà res.

La gorra

Les gorres d'abans, que eren amples, anaven molt bé per amagar-hi missatges secrets.

L'amagatall fals

Si a la teva habitació hi tens un amagatall secret autèntic, n'hi has de buscar un altre de fals. Aquest segon amagatall pot ser, per exemple, una capsa que sembli «amagada» entre els teus llibres, a sota el llit o a dalt de l'armari. Omple-la de cartes, ano-

tacions i altres coses per l'estil, que semblin secretes i importants.
Si algú et regira l'habitació, segur que trobarà de seguida aquestes suposades «coses secretes» i no li passarà pel cap que tinguis un segon, i autèntic, amagatall secret.

Amagatalls secrets increïbles

Diuen que hi ha hagut traficants de pedres precioses que les duien dins de dents postisses buides. Altres les ficaven en un xiclet i feien veure que el mastegaven.

El bolígraf

Agafa un bolígraf que no sigui transparent i desmunta'l. Treu-ne la càrrega i embolica-hi al voltant el full amb el missatge secret. Després tornaho a caragolar tot. Quan passis el bolígraf al teu contacte ningú no sospitarà res.

Els cereals

Obre amb compte per la part de sota un paquet de cereals, o una capsa de cartró semblant a la de cereals, per poder-ne treu-re els cereals i menjar-te'ls. A primera vista, el paquet semblarà per encetar i es convertirà en un bon amagatall secret. Però les coses que hi amaguis no han de pesar més que els cereals, perquè, si no, es descobrirà el truc.
Quan hagis amagat alguna cosa al paquet, torna'l a enganxar perquè no cridi gens l'atenció.

La corbata

A vegades, els traficants s'amaguen les pedres precioses al nus de la corbata. També s'hi poden amagar els negatius de fotografies secretes.

Traficants d'espatlles amples

La policia de l'aeroport sabia que aquell 21 de maig algú intentaria passar de contraban unes pedres precioses que havien robat d'una joieria. Un dela-

tor fins i tot els havia xerrat qui seria el contrabandista. Però per més que van regirar l'equipatge del sospitós, no les hi van trobar enlloc. Quan van examinar l'equipatge per raigs X tampoc no hi van descobrir les pedres precioses. Però a un dels policies li va cridar l'atenció una cosa en l'aspecte de l'home. Era més aviat prim i escanyolit però tenia les espatlles molt amples.
Quan li van demanar que es tragués la jaqueta van comprovar que hi duia cosides unes grans muscleres. S'hi van trobar les pedres precioses.

La cinta de vídeo

És un amagatall secret que utilitzen els traficants d'animals. Els cruels delinqüents que volen introduir al país animals d'espècies protegides, agafen serps petites, per exemple, les sotmeten a baixes temperatures perquè no es belluguin i les introdueixen a la carcassa buida de cintes de vídeo després de treure'n la cinta i el mecanisme.
A l'hora de passar un control, a ningú no li cridarà l'atenció aquella cinta. Per desgràcia, es continua

traficant amb animals protegits, cosa que augmenta encara més la possibilitat d'extinció que els amenaça.

L'escala

Les escales són un bon amagatall. Sovint, a sota hi ha un espai buit, que s'utilitza com a traster. Però el traster ocupa tot l'espai buit de sota una escala?

Els bons detectius ho comproven amb deteniment, en prenen mides i en colpegen les parets. Si fa soroll de buit, és probable que darrere hi hagi un espai buit. Si el traster resulta massa petit per les mides que hauria de tenir, segur que hi ha un espai secret on potser hi ha alguna cosa amagada. Un truc molt corrent és el de l'amagatall a sota un graó. A qui se li acudiria que aquella fusta s'aixeca i que amaga un espai secret?

La xemeneia

Si una llar de foc no s'encén mai, potser és que hi ha alguna cosa amagada a la xemeneia.

El paquet de xiclets

Com ja t'hem dit abans, els xiclets van molt bé per entregar un missatge secret. Agafa dues tires de xiclet d'un paquet normal i corrent i treu-ne la funda. Amb compte treu també el paper de plata i embolica-hi el missatge secret. Torna a ficar aquest xiclet especial al paquet. Quan vulguis entregar el

missatge ofereix al teu company detectiu un xiclet. Atenció: el missatge sempre ha de ser al xiclet de dalt de tot.

Les mànigues

Cus-te una butxaqueta dins de la màniga de l'abric, prop del forat per on surt la mà. L'obertura ha de mirar amunt, cap a l'espatlla.
En aquesta butxaqueta pots amagar-hi objectes petits. Si en un moment donat els necessites, els treus amb l'altra mà sense que ningú se n'adoni.

Un cas per a tu

...i la Penya dels Tigres

Es busca un cotxe amb els fars trencats

Era negra nit quan el lladre va sortir a tota velocitat de la plaça de pàrquing fent xerricar les rodes. Al seient del costat del conductor hi tenia el nou manuscrit del famosíssim escriptor Bastian Duster.

Quan el xivarri va despertar el senyor Duster, ja era massa tard. Va mirar per la finestra i va tenir el temps just de veure un cotxe amb un llum trencat. El far dret no li funcionava. Més tard, també va explicar a la Penya dels Tigres que el cotxe no era gaire gros, tenia una antena de ràdio i dos retrovisors i duia el parafang del davant una mica tort.

L'escriptor tenia la impressió que no era la primera vegada que veia aquell cotxe.

L'endemà els amics Tigres van recórrer el barri amb bicicleta. Van trobar uns quants cotxes que podien ser el vehicle fugitiu. Vegeu la pàgina 224.

Quin cotxe conduïa el lladre?

[redacted]

Esportista

El detectiu pot córrer amb xandall pels carrers, tot observant i escoltant, sense que a ningú li resulti estrany. Si es troba amb dos delinqüents que discuteixen alguna cosa en secret, s'aturarà prop seu i es quedarà fent exercicis de gimnàstica.

Jardiner

Un vell truc, però que encara és molt bo. De jardiners n'hi ha a tot arreu. Mentre planten flors, arrenquen males herbes o apuntalen arbres, observen, espien i escolten.

Músics de carrer

Per a això, és clar, cal saber tocar un instrument. Es parla de detectius que duien una càmera amagada a l'instrument i d'aquesta manera van fotografiar el sospitós.

Patinador

La millor manera és fer servir també uns auriculars. En realitat, els auriculars no són per escoltar música sinó que es tracta d'un aparell per escoltar converses a una distància d'uns quants metres.

Quins trucs hi ha per seguir algú sense cridar l'atenció?

Vés a passejar amb el gos. Segur que el gos s'atura sovint o ets tu qui s'atura per parlar amb ell, posar-li bé el collar, fer-li una carícia o donar-li una llaminadura. Mentrestant pots observar o escoltar algú sense que se n'adoni.

La passejada encara va millor quan es porta un acompanyant. Feu veure que esteu tots dos molt concentrats en la conversa que manteniu. De tant en tant podeu aturar-vos i parlar amb entusiasme de les vostres darreres vacances.

Porta una bossa que sembli plena fins dalt. En realitat només la duràs plena de capses i llaunes buides. De tant en tant, t'atures i la deixes a terra, i fas veure que estàs molt cansat de portar tant de pes. Així podràs observar i escoltar.

Què es pot fer quan algú s'acosta a una finestra per tancar-la i el detectiu és allà mirant o escoltant?

Una possibilitat és el truc dels cordons de les sabates. T'has d'ajupir i fer veure que et fas un nus a la sabata.

Què s'ha de tenir present als carrerons estrets?

Sobretot la teva ombra. Sovint s'allargassa per davant teu i et delata!
No et separis de la paret.

Per què va bé un aparador quan segueixes algú?

Perquè t'hi pots aturar al davant i dissimular, fent veure que vols comprar alguna cosa. En realitat, el gran vidre d'un aparador et fa de mirall i et diu què passa darrere teu.

Per què quan se segueix algú s'ha de tenir en compte la direcció en què bufa el vent?

Si la persona que segueixes té un gos, aquesta precaució és molt important. És difícil que el gos t'ensumi amb el vent en contra. Però si el vent bufa en la seva direcció un bon gos avisarà l'amo o la mestressa que hi ha algú a prop.

Per què va molt bé un mocador gran?

Perquè t'hi pots tapar la cara. L'altre no te la veu i tu en canvi l'observes per damunt del mocador.

Precaucions:

- Vigila la teva ombra. El millor amagatall és inútil quan l'ombra sobresurt i et delata.
- Mai no et posis cap objecte brillant, d'aquells que, quan hi toca el sol, brillen.
- No vagis mai per la carena d'una muntanya. T'hi veuran amb molta facilitat.

– Vigila on poses els peus. Unes branques que peten i la remor de la fullaraca et delataran.

– No portis roba que cridi l'atenció.

– No et quedis mai dret darrere d'algú que mira un aparador. El vidre és un mirall i et delataria.

– No miris mai ningú com si hi estiguessis interessat.

– No corris darrere la persona que segueixes. Si ho fas, no frenis de sobte.

– Compte amb les cantonades dels edificis. La persona que segueixes pot tombar-hi de sobte i desaparèixer tot de cop. No deixis que la distància entre tu i ella sigui gaire gran quan s'acosti una cantonada.

– Quan sigui fosc, no t'aturis mai a sota d'un fanal encès.

– Esquiva els gossos que et coneixen. Si vas disfressat et desemmascararan.

Consells especials de la Penya dels Tigres

Què has de fer quan et sembla que tens un bitllet fals a les mans?

Actualment, els bitllets, per protegir-los de falsificacions, tenen uns distintius de seguretat. Molts bitllets tenen unes ratlles d'alumini incrustades al paper. Per fora no es poden veure. Però si poses el bitllet a contrallum, aquestes línies es fan visibles. També hi ha l'anomenat efecte basculant: una part de la mostra –el dibuix– es modifica quan es mira el bitllet des d'un altre angle.

Els signes d'aigua són imatges que s'han imprès al paper dels bitllets mitjançant un procés especial. Aquests signes tampoc no són visibles i només es veuen a contrallum. En l'actualitat, en alguns bitllets també s'hi inclou un holograma.

Si t'han donat dos o tres bitllets del mateix import i sospites que són falsos, compara'n els números de sèrie. Molt sovint, els bitllets falsificats tenen el mateix número. Informa't en un banc dels distintius de seguretat que porten els bitllets del teu país.

Si de veritat sospites que tens un bitllet de banc falsificat, porta'l al banc i fes que l'examinin.

Com comprovaràs si algú ha entrat en una habitació?

Si la porta s'obre cap enfora, posa un paperet rebregat davant de la porta després de tancar-la. No ha de cridar l'atenció, ni ser massa gran. Ha de semblar que el paperet ha caigut d'alguna butxaca.

Si quan tornes el paper és en un altre lloc, sabràs que algú ha obert la porta. També pots posar un parell de cabells entre la porta i el marc quan surtis de l'habitació. Si la porta s'obre, els cabells cauen a terra sense que ningú se n'adoni.

Com sabràs si un lladre ha enterrat un botí al jardí?

Mira si hi veus plantes marcides o llocs on l'herba tingui un altre color. Quan es fa un sot, sempre les arrels en queden afectades. Les plantes poden xuclar menys aigua i es marceixen. L'herba marcida es torna d'un color groc i marró.

Els delinqüents més llestos hi tornen a plantar manyocs d'herba verda i fresca. Pots comprovar si a sota s'hi ha fet un sot i s'ha remogut la terra amb una galleda d'aigua.
Tira l'aigua al lloc sospitós i en qualsevol altre lloc de l'herba. Si la terra, al lloc sospitós, absorbeix l'aigua amb molta més rapidesa, vol dir que està flonja i és gairebé segur que ha estat remoguda fa poc.

Com es comprova si han obert un calaix?

Arrenca't un cabell i enganxa'l amb una mica de saliva al calaix tancat. El millor lloc per fer-ho és la part de baix, de manera que el cabell quedi sobre de l'escletxa mateix que hi ha entre el calaix i el moble.
El possible delinqüent no veurà el cabell quan obri el calaix. El cabell caurà i et demostrarà que el calaix l'han obert.

Com es comprova si algú ha mogut alguna cosa del damunt de l'escriptori?

Si sospites que algú remena les teves notes secretes pots posar-li un parany: deixa un full amb un missatge secret, però fals, damunt la taula. El text ha de quedar a la part de sota.
Fes una marca ben petita del marge del full, damunt la taula.
Si quan tornis, les marques encara coincideixen, ningú no ha llegit el full. Si està canviat de lloc és que algú l'ha tocat.

Com sabràs si algú et llegeix el diari?

Per comprovar-ho, necessites una mica de melmelada. Embruta't els dits amb una gota de melmelada i fes una taqueta en un full del diari. Ara gira el full i pressiona fort perquè s'enganxi al full anterior.
Si algú tafaneja en el teu diari separarà els fulls.
També pots posar un cabell o una mica de talc entre els fulls. Si algú fulleja el diari, el cabell o el talc caurà.

Com comprovaràs si algú ha remenat una pila de papers, quaderns o llibres?

Posa en un cantó de la pila un fil prim ben tibant. Si algú n'ha tret alguna cosa el fil estarà arrugat.

Què has de fer per moure't per una casa sense que ningú se n'adoni?

Agafa sempre les manetes i els poms de les portes amb totes dues mans. Així els pots agafar millor i evitar sorolls.

Passa sempre pels extrems exteriors de les escales de fusta, perquè la fusta no grinyoli.

Val més pujar les escales de quatre grapes. Si de sobte s'acosta algú des de dalt, et pots ajeure i fer-te invisible.

Si apareix algú, amaga't de seguida. Busca sempre bons amagatalls de manera que no et sorprengui l'aparició inesperada d'alguna persona.

Vigila que la teva ombra no et delati. Encara que estiguis ben amagat, la teva ombra pot sobresortir de l'amagatall.

Com hi veuràs en la foscor quan véns d'una habitació il·luminada?

Si passes d'una habitació il·luminada a la foscor, tanca els ulls un moment. Després et podràs orientar.

Com comprovaràs si hi ha algú a prop quan ets al bosc?

Tu vas pel bosc i de sobte tens la sensació que algú et segueix. No et moguis gens i escolta.
Peta una branca? Cruix la fullaraca? Sents passes?
Es posa a volar cap ocell? Fuig cap animal?
Tot això indica que hi ha altres persones a prop.

Com calcularàs en un moment quantes persones hi ha en un gran grup de gent?

Hi ha un bon truc que funciona de la manera següent:

Tu vols saber, per exemple, quanta gent hi ha davant d'una casa.

Compta les persones que hi ha en una part del grup. Quantes parts formarien el total del grup de gent?

Exemple:

Una multitud de persones.

Molta gent.

Marca una petita fracció.

Hi ha 12 persones.

Divideix tota aquella gentada en grups iguals de persones.

Hi ha deu grups.

El total de persones és 120.

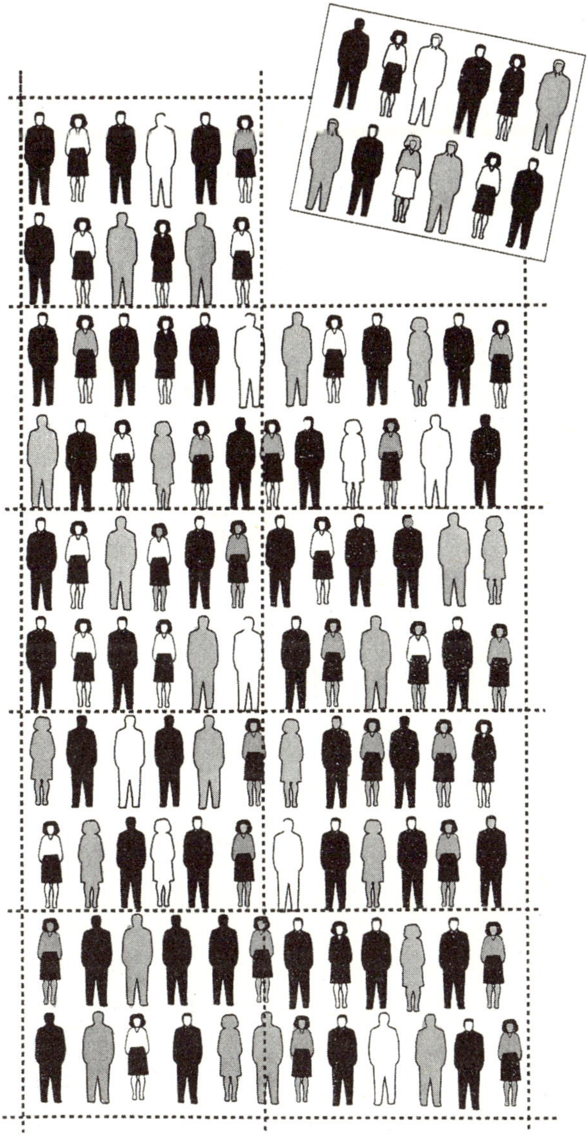

Com calcularàs la distància a què es troba una persona?

Pots calcular-la de la manera següent:

50 metres: Pots distingir bé la persona, també la boca i els ulls

100 metres: Ara els ulls i la boca semblen punts

200 metres: Encara pots distingir els botons i els colls de la roba que porta

300 metres: La cara gairebé no es reconeix. Només és una superfície

400 metres: No es distingeix ni la cara, ni els detalls de la roba. Però si la persona mou els braços i les cames ho veus amb claredat

500 metres: Ja només distingeixes els colors de la roba, però no pas el cap o si la persona porta un barret o no

600 metres: El cap sembla un punt

700 metres: El cap ja no es distingeix, només el cos

Quina és la millor manera de calcular l'edat d'una persona?

Practicant molt! Observa la gent i intenta calcular l'edat que tenen. Pregunta'ls després si l'has calculada correctament. Compte, hi ha persones a qui no agrada dir quina edat tenen.

Un breu exercici:

Quina edat tenen les persones de les pàgines següents?

Sabràs si ho has encertat utilitzant el descodificador.

Com se sap si una cosa escrita a mà s'ha falsificat?

Si algú es nega a escriure un document, potser és que vol que un falsificador ho faci per ell. Però cada persona té una cal·ligrafia característica. Només ella en domina el traç i fa de manera automàtica determinats enllaços, ratlles i punts.
La signatura és una cosa molt particular. És una mena de segell incorporat a la persona. Ni tan sols els falsificadors més experts poden aconseguir mai el mateix traç que té la persona que es vol copiar.
Intenta-ho tu mateix. Imita la lletra d'algun amic teu detectiu –evidentment només com a exercici. Hi trobaràs diferències i t'adonaràs de tots els errors que es poden cometre.

Consells per detectar un text falsificat

Agafa un fragment de text original escrit per l'autèntic redactor i observa'l amb molta atenció. El millor que pots fer és utilitzar una lupa.

La lletra és gran, mitjana o petita?

La Penya dels Tigres investiga un...

La Penya dels Tigres investiga un...

La Penya dels Tigres investiga un...

Les lletres estan molt juntes o molt separades?

La Penya dels Tigres investiga un...

La Penya dels Tigres investiga un...

Com és la «G»?
Com és la «T»?

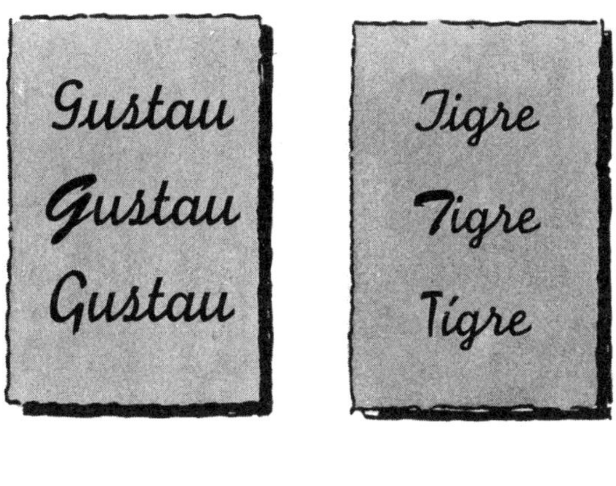

Com són les llaçades de la «L»?
Com és el punt de la «I»?

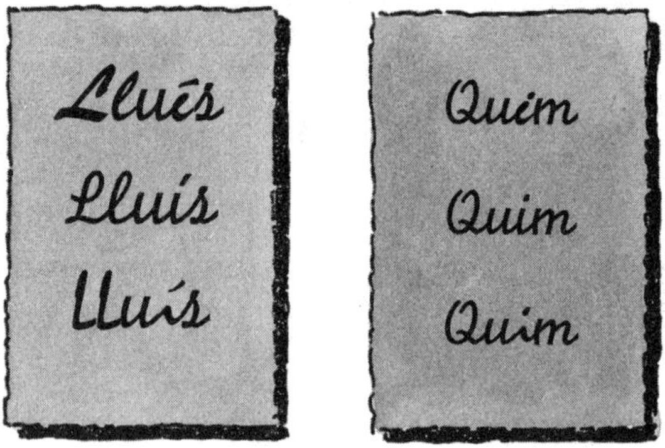

Intenta fer una descripció de les principals lletres majúscules.
La persona que escriu fa gaire força, una mica o poca?
Després agafa el fragment de text falsificat. Mira les lletres amb atenció i compara-les amb l'informe que has fet abans.
Segur que si de veritat es tracta d'una falsificació, hi descobriràs diferències.

Com t'ho has de fer per no deixar rastres?

– Lliga't un full gros de paper o un tros d'escorça a la sola de les sabates. Així deformaràs molt el teu rastre!

– Agafa branques seques d'un matoll i fes-te una mena d'escombra. Esborra-hi el teu rastre.

– El rasclet de rastres

Clava molts claus en un tros de branca d'almenys 30 centímetres de llargada i 15 centímetres de diàmetre.
Deixa que els claus sobresurtin un tros que faci ben bé l'amplada del teu dit gros.
Lliga-hi un cordill a banda i banda.
Pots arrossegar aquest rasclet darrere teu quan caminis per un terra tou i aniràs esborrant el teu rastre.
Atenció: lògicament, has d'anar movent el rasclet d'una banda a l'altra i deixar també rastres falsos a les cruïlles.

Com es calcula quant temps té una petjada?

Si ha plogut és molt fàcil. La petjada és plena d'aigua o no?
Llavors pots saber si la petjada és d'abans o de després que plogués.

Com es fa un motllo de les petjades?

Necessites:

- Una bossa de guix
- Aigua
- Una palangana
- Una tira de cartró dur o tires de gelatina de les que s'utilitzen per fer pastissos de fruites, o una tira de metall com les dels motllos desmuntables de cuina. De tires de gelatina o de tires de metall per fer pastissos, en trobaràs a botigues on venguin coses per fer pastissos.

Es fa així: treu amb unes pinces les fulles, els trossets de branques o les pedres que hi hagi damunt de la petjada.
Posa les tires de cartró, de gelatina o de metall a

terra, al voltant de la petjada. Barreja el guix i l'aigua fins que quedi ben pastat i omple la petjada. Atenció: el guix s'endureix molt de pressa. Abans que sigui dur, afanya't a clavar-hi uns quants bastonets de fusta perquè estiris el motllo de guix i el treguis sense cap dificultat quan es solidifiqui.
Quan sigui sec, treu el motllo amb compte i neteja'l bé de les restes de terra.
Sobretot, no t'oblidis de posar-hi un rètol!

Com es prenen les mides de l'escenari dels fets si no tens cap cinta mètrica?

Un bon detectiu coneix les seves mides.
Quina mida fa una bona gambada teva?
Quina mida fa el teu braç?
Quina mida fa el teu pam?
Quina mida té el teu peu?
Quina mida fa una passa teva normal?
Quina llargada té la teva mà des del canell fins a la punta del dit del mig?

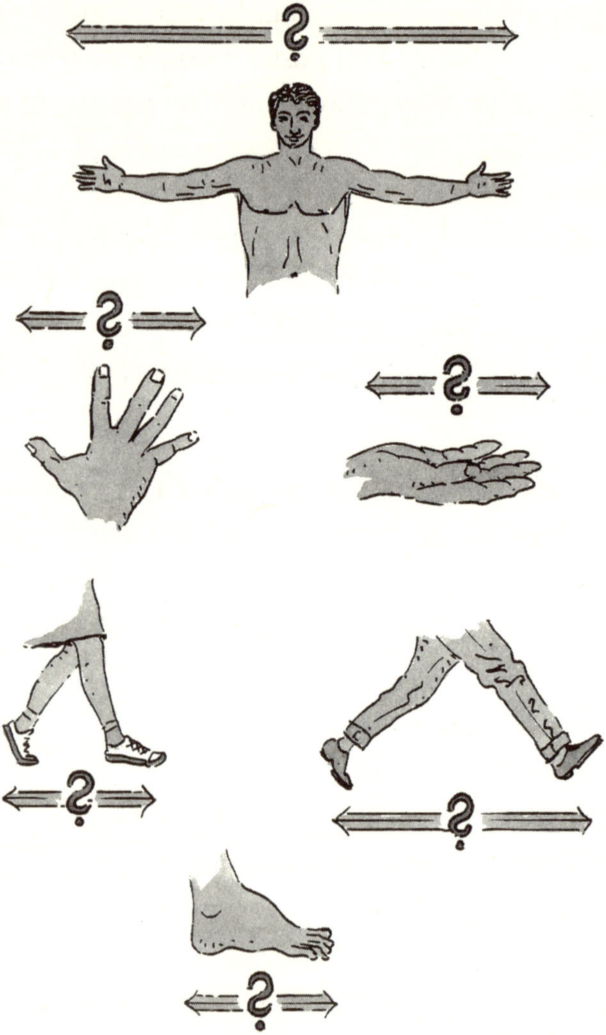

Com sabràs si algú et segueix?

Posa't davant d'un aparador i estigues al cas per si apareix algú que et segueix.
Es queda prop teu o potser fins i tot darrere teu?
Fes un parell de passes cap a un costat. Si l'altre també es mou és molt probable que et segueixi.
Atura't de sobte i gira't de cop. Hi ha algú que es camufli darrere un diari? Llavors és probable que sigui la persona que et segueix.
Corre quan arribis a una cantonada. Si hi ha algú altre que corre, sabràs que et segueix.

Com sabràs què passa darrere teu?

Les detectives treuen una polvorera i fan com si es maquillessin. Amb el mirall de la tapa de la polvorera miren què hi ha darrere.
Tu pots utilitzar un llibre on hagis enganxat dos miralls. Fes veure que el llegeixes. En realitat miraràs què passa darrere teu.

Com despistaràs algú que et segueix?

Fes-te fonedís ficant-te entre un munt de gent. Corre cap a un carrer travesser i entra a la primera casa que trobis. Espera't darrere de la porta de la casa.

Tens una jaqueta reversible que per dintre sigui d'un altre color que per fora? Entra en una botiga i gira-la. Posa-te-la i surt barrejat entre altra gent. Entra en una casa i pregunta per la sortida del darrere. Canvia't la jaqueta amb algun amic que et trobis.

En la foscor, deixa una llanterna encesa de manera que sembli que la portes a la mà. Després escapoleix-te en l'altra direcció.

Nom: Thomas Brezina

Edat: 32

El meu fort: m'agrada molt escriure històries interessants i divertides que m'hauria agradat llegir de petit. Ja he escrit més de cent llibres. Sóc el presentador d'un programa de preguntes i respostes a la televisió i del joc d'investigació policíaca *La bona pista*.

El meu problema més gran: no tinc paciència, sóc molt desordenat i a vegades, quan m'estic inventant les meves històries, als meus amics els sembla que estic una mica trastocat.

Trobo fantàstic: els aparells electrònics curiosos i els ordinadors, el meu gos Putzi (que sembla un plomall amb potes), l'estiu i la llum del sol, els musicals i les pel·lícules.

Tret identificatiu: col·lecciono rellotges bojos. En tinc un, per exemple, que va cap enrere.

Web: www.thomasbrezina.com

Vols ajudar la PENYA DELS TIGRES a resoldre casos de misteri?

Un cas per a tu

...i la Penya dels Tigres

1 El Temple del Tro
2 El misteri de l'hípica
3 L'avió fantasma
4 Els robots cavallers
5 La Costa dels Esquelets
6 La maledicció del faraó
7 L'helicòpter del malson
8 Monstres invisibles
9 El vapor del Mississipí
10 El safari dels monstres
11 La góndola misteriosa
12 El casc de la calavera
13 Els Pantans Embruixats
14 Una mòmia al volant
15 La mà del monstre
16 La masmorra oblidada
17 Pirates extraterrestres
18 L'ull de foc
19 El cowboy sense cara
20 El misteri del casalot abandonat
21 El fantasma del camp de futbol
22 La màscara misteriosa
23 La muntanya maleïda
24 La nit dels ninja
25 Els pirates d'internet
26 El cementiri dels dinosaures

I no t'oblidis del SUPERCÀS de la Penya dels Tigres

1 Verí a l'escola
2 L'illa de les serps

MANUAL DE DETECTIU

CONEIXES TOTES LES AVENTURES D'EN MAX I ELS SEUS MONSTRES?

1 El secret de la casa dels horrors

2 Terror a l'escola

3 Vacances a l'hotel encantat

4 Operació espantagermanes

5 L'esquelet dansaire

6 Misteri al castell d'Espantallops

7 La família horripilant

8 Fantasmes a la classe de música

9 El vaixell fantasma

10 La pilota xerraire

Llibre Màgic dels Monstres

En aquest llibre hi trobaràs més peripècies d'en Max, i també trucs fantasmagòrics molt fàcils de fer amb els quals als teus amics i les teves amigues se'ls posaran els pèls de punta.